105 Dinge, die Gott Über Dich Sagt...

Deine Erbe Aneignen

E. C. Nakeli

© 2018 von E.C. Nakeli (Englische Ausgabe) © 2022 von E.C. Nakeli (Deutsche Ausgabe)

Herausgegeben von King's Word Publication

Erste deutsche Ausgabe

Gedruckt in den Vereinigten Staaten von Amerika

Alle Rechte vorbehalten. Kein Teil dieser Veröffentlichung darf ohne die vorherige schriftliche Genehmigung des Herausgebers vervielfältigt, in einem Abrufsystem gespeichert oder in irgendeiner Form oder auf irgendeine Weise – beispielsweise elektronisch, Fotokopie, Aufzeichnung – übertragen werden. Einzige Ausnahmen sind Kurzzitate in gedruckten Rezensionen.

Um den Autor zu kontaktieren, schreiben Sie an:

    E.C. Nakeli
    Karlstr. 4
    75053 Gondelsheim
    Germany
    E-Mail: ecnakeli@yahoo.com

105 Dinge, die Gott Über Dich Sagt...Deine Erbe Aneignen
E.C. Nakeli
ISBN: 978-1-945055-53-9

Sofern nicht anders angegeben, stammen im englischen Original die Referenzen aus der folgenden englischen Heiligen Schrift:

THE HOLY BIBLE, NEW INTERNATIONAL VERSION®, NIV®

Copyright © 1973, 1978, 1984, 2011 von Biblica, Inc™ Verwendung mit Genehmigung. Alle Rechte weltweit vorbehalten.

Wenn nicht anders markiert, stammen die deutschsprachigen Referenzen aus der folgenden deutschen Heiligen Schrift:

SCHLACHTER BIBEL®, SCH Copyright © 1951 von Genfer Bibelgesellschaft. Verwendung mit Genehmigung. Alle Rechte weltweit vorbehalten.

Andere Referenzen stammen aus den folgen deutschen Heiligen Schriften und sind mit den nachfolgend angegebenen Abkürzungen entsprechend markiert:

SCHLACHTER VERSION 2000®, SCH2000 Copyright © 2011 von Genfer Bibelgesellschaft. Verwendung mit Genehmigung. Alle Rechte weltweit vorbehalten.

LUTHER BIBEL, LB, Ausgabe 1912.

ELBERFELDER BIBEL, EB, Ausgabe 1905.

NEUE EVANGELISTISCHE ÜBERSETZUNG, NeÜ, Copyright © 1916 von Karl-Heinz Vanheiden. Verwendung mit Genehmigung. Alle Rechte weltweit vorbehalten.

Deutsche Übersetzung: Dennis Z. Halasz

Inhalt

Vorwort zur ersten deutschen Auflage viii
Einführung ix
Nr. 1: Du bist das Salz der Erde 11
Nr. 2: Du bist das Licht der Welt 14
Nr. 3: Du hast das Wissen der Geheimnisse des Königreichs 17
Nr. 4: Alles steht dir zur Verfügung 19
Nr. 5: Du hast Autorität zu binden und zu lösen 22
Nr. 6: Du hast die Gene Gottes in dir 24
Nr. 7: Du bist sicher in Christus 27
Nr. 8: Du hast einen vorbereiteten und garantierten Platz im Himmel 30
Nr. 9 : Du bist spirituell rein 32
Nr. 10: Du bist ein Zweig des Weinstocks 34
Nr. 11: Du warst besonders vom Herrn erwählt 36
Nr. 12: Du gehörst nicht zur Welt 39
Nr. 13: Du hast Anspruch auf die Heilig-Geist-Taufe 42
Nr. 14: Deine Zeit und dein Wohnort wurden von Gott vorherbestimmt 44
Nr. 15: Du lebst und bewegst dich und hast dein Sein in Gott ... 46
Nr. 16: Du bist von der Sünde befreit worden 48
Nr. 17: Du bist frei von Verurteilung 50
Nr. 18: Du wirst vom Geist kontrolliert 52
Nr. 19: Dein gegenwärtiges Leiden kann nicht Verglichen werden, mit der Herrlichkeit, die dich erwartet 54
Nr. 20: Die ganze Schöpfung wartet auf deine Manifestation 56

Nr. 21: Der Geist tritt für dich ein 58

Nr. 22: Alle Dinge arbeiten zu deinem Besten zusammen 60

Nr. 23: Weil Gott für dich ist, spielt es keine Rolle, wer gegen dich ist 62

Nr. 24: Nichts kann dich von Gottes Liebe trennen 64

Nr. 25: Christus ist deine Gerechtigkeit und Heiligkeit geworden 66

Nr. 26: Du wurdest gewaschen, geheiligt und gerechtfertigt 68

Nr. 27: Dein Körper ist Gottes Tempel 70

Nr. 28: Du bist von Gott gesalbt und versiegelt worden 72

Nr. 29: Christus ist für dich gestorben, damit du für ihn leben kannst 75

Nr. 30: Du bist ein neues Geschöpf in Christus 77

Nr. 31: Du bist ein Botschafter Christi 79

Nr. 32: Du bist gesegnet 81

Nr. 33: Du bist Abrahams Same 83

Nr. 34: Du hast jeden geistlichen Segen, den du brauchst 85

Nr. 35: Du sitzt mit Christus in den himmlischen Örtern 87

Nr. 36: Du bist ein Bürger des Himmels 89

Nr. 37: Gott, der sein Werk in dir begonnen hat, wird es zur Vollendung bringen 91

Nr. 38: Du bist qualifiziert worden, am Erbe der Heiligen teilzuhaben 94

Nr. 39: Gott hat dich in das Reich Christi gebracht 96

Nr. 40: Du bist heilig und sehr geliebt 99

Nr. 41: Gott wird dich stärken und beschützen 101

Nr. 42: Du hast den Geist der Kraft, Liebe und Kühnheit 103

Nr. 43: Du bist ein königlicher Priester 105

Nr. 44: Du hast alles, was du zum Leben und zur Göttlichkeit brauchst 108

Nr. 45: Du hast den Bösen überwunden 110

Nr. 46: Du bist ein Kind Gottes 112

Nr. 47: Gott kann dich vor dem Fall bewahren 115

Nr. 48: Gott gibt dir alles zu deinem Vergnügen 117

Nr. 49: Gott hat dir deinen Anteil zugewiesen 119

Nr. 50: Gott wird dich immer führen 121

Nr. 51: Gott lädt jeden Tag mit Wohltaten für dich auf 123

Nr. 52: Deine vergangenen Sünden wurden weit von dir getrennt 125

Nr. 53: Gott wird dich vor allem Schaden bewahren 128

Nr. 54: Gott kannte dich, bevor du geboren wurdest 130

Nr. 55: Du bist Gottes besonderes Werk 132

Nr. 56: Gottes Gedanken über dich sind zahlreich und kostbar 134

Nr. 57: Gott hat gute Pläne für dich 136

Nr. 58: Gott wird dich niemals loslassen noch verlassen bis du dein Schicksal erfüllst 138

Nr. 59: Keine gegen dich gebildete Waffe wird gedeihen 140

Nr. 60: Keine Hexerei kann gegen dich arbeiten 142

Nr. 61: Alle, die dich angreifen, werden sich dir ergeben 144

Nr. 62: Gott wird Menschen geben im Austausch für dich 146

Nr. 63: Gott wird deine rauen Stellen glatt machen 148

Nr. 64: Er wird dir die Schätze der Dunkelheit geben 150

Nr. 65: Nichts kann die Pläne Gottes für dich durchkreuzen 152

Nr. 66: Es ist deine Saison zu glänzen 154

Nr. 67: Du bist eine befestigte Stadt 157

Nr. 68: Du bist eine eiserne Säule 159

Nr. 69: Du bist ein Gott 161

Nr. 70: Du bist der Augapfel Gottes 163

Nr. 71: Du bist in den Handflächen Gottes eingraviert 165

Nr. 72: Du bist ein geistlicher Imperialist 167

Nr. 73: Du bist ein Schrecken für den Teufel 169

Nr. 74: Du bist von Gunst umgeben 172

Nr. 75: Du bist mehr als ein Überwinder 174

Nr. 76: Du kannst jeden lieben 176

Nr. 77: Du hast die Welt überwunden 178

Nr. 78: Du wurdest geheilt 180

Nr. 79: Du bist ein Kind der Verheißung 182

Nr. 80: Du hast eine bereite Quelle der Hilfe 184

Nr. 81: Du wurdest nach dem Ebenbild Gottes geschaffen 186

Nr. 82: Du wurdest geformt, um die Kontrolle zu haben 188

Nr. 83: Du bist ein Kind der Bestimmung 191

Nr. 84: Gott hat dich sturm- und flammfest gemacht 193

Nr. 85: Du bist Gottes kostbarer Besitz 195

Nr. 86: Deine Zukunft ist heller als deine Gegenwart 197

Nr. 87: Güte und Barmherzigkeit wurden dir zugewiesen 199

Nr. 88: Du hast die Kraft dein Schicksal zu gestalten 201

Nr. 89: Überall um dich herum sind Engel 204

Nr. 90: Du bist eine lebendige Feuerflamme 206

Nr. 91: Du bist ein Erbe des Vaters 208

Nr. 92: Du hast Auferstehungskraft in dir 210

Nr. 93: In dir fließen Flüsse 213

Nr. 94: Alles ist für dich möglich, wenn du glaubst 216

Nr. 95: Gott hat dich unbesiegbar gemacht 218
Nr. 96: Du hast göttliche Immunität 221
Nr. 97: Deine Befreiung ist garantiert 223
Nr. 98: Du solltest immer ganz oben stehen 225
Nr. 99: Gott weiß, was du brauchst 227
Nr. 100: Ohne Christus Jesus bist du nutzlos 229
Nr. 101: Es soll dir gut gehen 231
Nr. 102: Du wirst die Früchte deiner Arbeit genießen 234
Nr. 103: Dein Leben ist verborgen mit Christus in Gott 236
Nr. 104: Du bist mit Christus verheiratet 238
Nr. 105: Gott wird dir Aufrichtigkeit des Herzens geben 240
Fazit 242

Vorwort zur ersten deutschen Auflage

Dies ist die erste deutsche Ausgabe. Sie basiert auf der zweiten und überarbeiteten englischen Ausgabe von „105 Dinge, die Gott über dich sagt", erstmals veröffentlicht im Jahr 2010. Ich habe die meisten Punkte aus der ersten englischen Ausgabe überarbeitet und erweitert, um mehr Klarheit zu schaffen. Im gesprochenen Wort wird eine enorme Kraft freigesetzt. Was ein Mann hört, wird sein Verhalten, sein Benehmen, sein Aussehen und seine Leistung stark beeinflussen. Es gibt viele Leben, die zerstört werden, weil Menschen versucht haben, ihr Leben auf dem aufzubauen, was andere über sie gesagt haben. Sie reagieren darauf, was die Welt über sie sagt, und fügen sich unbewusst in die menschliche Meinungsform ein. Es spielt keine Rolle, welches Etikett deine Feinde, Freunde, Familie, Kollegen, Kollegen oder wer auch immer dir gegeben haben. Wenn du weißt, was Gott über dich sagt, dann kannst du dein Leben mit erhobenem Kopf leben, ungeachtet der Zyniker, Skeptiker und Kritiker.

Der Apostel Paulus forderte Timotheus in 1. Timotheus 1,18 auf, den Prophezeiungen zu folgen, die einst über ihn gemacht wurden. Dieses Buch bringt nur einige Prophezeiungen hervor, die Gott seinen Kindern gegeben hat, also glaube und befolge sie. Dadurch formst du dein Leben nach dem Willen des Göttlichen.

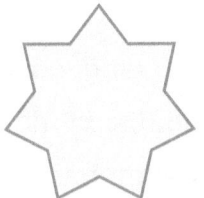

Einführung

Das Wissen, das ein Mensch besitzt, beeinflusst stark, was er tut und wie er auf Menschen und Situationen reagiert. Unwissenheit ist der Mangel an nützlichem Wissen und wirkt als eine große Einschränkung zum Umfang des Tätigkeitsbereichs des Betroffenen. Ich habe oft gesagt, dass Unwissenheit eine der großen Krankheiten ist, die die Menschheit plagen, und es besteht ein ständiges Bedürfnis, dieses Übel auszurotten, besonders unter den Heiligen.

Der Herrgott sagte: *„Mein Volk geht aus Mangel an Erkenntnis zugrunde."* (Hosea 4,6a). Daher ist es weder die Macht deines Feindes, die dich zerstört, noch seine Weisheit, sondern dein Mangel an Herz- oder spirituellem Wissen, das das Problem ist. Warum sage ich Herzwissen? Weil Geistliches ist Herzensangelegenheit und nicht Kopfsache! Es gibt viele Menschen mit viel Kopfwissen, aber bis es ins Herz übergeht, bringt es nur sehr wenige Ergebnisse. Der Zweck dieses kleinen Buches ist also nicht, dir den Kopf voll zu verstopfen, sondern dein Herz zu erweitern und dich in eine Position zu bringen, in der die Leistung deines Lebens von dem beeinflusst wird, was du weißt.

Es sollte beachtet werden, dass ich in diesem Buch das teile, was Gott über seine Kinder sagt, über diejenigen, die eine unwiderrufliche Verpflichtung eingegangen sind, dem Herrn Jesus Christus zu gehorchen. Es würde dir nichts nützen, dieses Buch einfach zur Hand zu nehmen und es durchzulesen. Du könntest versuchen, alles, was hier beschrieben ist, in Anspruch nehmen, aber es würde für dich nicht funktionieren, bis du dich Jesus Christus als deinem persönlichen Herrn und Retter in dieser lebenswichtigen und bedingungslosen Hingabe ergeben hast. Zögere nicht, dieses Gebet zu beten, wenn du möchtest, dass der Herr Jesus jetzt in dein Herz kommt, damit du von allem profitieren kannst, was hier gesagt wird. Wenn du bereit bist, dann bete einfach so, mit aller Aufrichtigkeit:

> *„Herr Jesus, ich gebe zu, dass ich ein Sünder bin. Ich gebe zu, dass du für mich gestorben bist. Ich komme in diesem Moment mit all meinen Sünden zu dir; mit denen aus der Vergangenheit, der Gegenwart und der Zukunft. Ich bitte um deine Vergebung. Wasche mich mit deinem Blut und reinige mich von all meinen Sünden. Gib mir ein neues Herz und einen neuen Geist. Hilf mir, dich zu lieben und dir alle Tage meines Lebens zu dienen. Nimm mein Herz und mach es zu deinem Zuhause. Amen"*

Wenn du dieses Gebet aufrichtig gebetet hast, dann bist du jetzt bereit, alles zu beanspruchen, was hier geteilt wird. Möge Gott dich segnen, als du sein Wort liest und glaubst, und möge er dich in all das hineinbringen, was er für dich bestimmt hat!

Nr. 1
Du bist das Salz der Erde
(Matthäus 5,13)

„Ihr seid das Salz der Erde. Wenn aber das Salz fade wird, womit soll es wieder salzig gemacht werden? Es taugt zu nichts mehr, als daß es hinausgeworfen und von den Leuten zertreten werde."

Weil du das Salz der Erde bist, bedeutet dies, dass du ein Konservierungsmittel bist. Du hast die Fähigkeit, moralischen und spirituellen Verfall zu verhindern, wo immer du bist. Genauso wie Salz verhindert, dass Mikroben funktionieren und Fäulnis verursachen, hast du die inhärente Fähigkeit, die Aktionen des Teufels zu verhindern, wo immer du bist. Deine Anwesenheit in deiner Familie sollte verhindern, dass die Dinge dort verfallen. Deine Anwesenheit am Arbeitsplatz sollte den Teufel und seine menschlichen Agenten daran hindern, in der Fülle ihrer Kapazitäten zu arbeiten, und warum sollte man ihren Aktivitäten nicht ein totales Ende bereiten? Du bist der Erhalter der Erde!

Außerdem sorgt Salz für Geschmack. Die Dinge sollten wegen deiner Anwesenheit süßer werden. An dem Tag, an dem du das Büro oder den Arbeitsplatz verlässt, werden die Dinge nicht mehr so süß sein wie damals, als du dort warst. Gott hat es so gemacht und der Teufel kann es nicht leugnen. Er mag wütend werden, aber er weiß, dass die Kinder Gottes diejenigen sind, die diese Erde bewahren und ihr den Geschmack geben, den sie verdient. An dem Tag, an dem wir weggebracht werden, wird alles bitter und wird mit Lichtgeschwindigkeit verrotten. Verlasse täglich dein Zuhause und sag dir, dass du darum ausgehst, um Fäulnis zu verhindern und überall, wo du hingehst, himmlischen Geschmack zu verbreiten.

Verkünde, was du bist

Vater, ich danke dir für das, was du über mich sagst. Ich glaube deinem Wort von ganzem Herzen und mit ganzer Seele. Ich weigere mich zu glauben, was meine Umstände sagen. Ich weigere mich zu glauben, was die Leute sagen. Ich stehe auf dein Wort und gestehe daher, dass ich bin, was du sagst. Und ich bin, wer du sagst, ich bin.

Ich bin das Salz der Erde. Ich habe meine Salzigkeit nicht verloren. Ich werde meine Salzigkeit nicht verlieren. Ich werde die Dinge um mich herum vor dem Verfall bewahren. Ich werde den Geschmack liefern, der in einer geschmacklosen Welt benötigt wird. Ich werde nicht kontaminiert, sondern werde mich rein halten. In Jesu ehrfurchtgebietendem Namen, Amen.

Nr. 2
Du bist das Licht der Welt
(Matthäus 5,14; Epheser 5,8)

„Ihr seid das Licht der Welt. Es kann eine Stadt, die auf einem Berge liegt, nicht verborgen bleiben."

„Denn ihr waret einst Finsternis; nun aber seid ihr Licht in dem Herrn. Wandelt als Kinder des Lichts!"

Licht bewirkt, dass Menschen sehen und daher normal funktionieren. Der Herr sagte, dass du das Licht der Welt bist. Das bedeutet, dass deine Worte und Taten dieses Licht entweder auf den richtigen Weg oder auf den falschen Weg bringen werden. Wenn du die richtigen Dinge tust, richtest du dein Licht darauf, dass die Menschen den richtigen Weg wählen. Ohne dich wird die Dunkelheit die Welt bedecken und die Dinge werden auseinanderfliegen. Es ist die Unwissenheit der Welt, die sie dazu bringt, Gottes Kinder zu hassen.

Deine Anwesenheit im Büro oder in der Nachbarschaft sorgt für Licht und vertreibt die Dunkelheit, die sonst diesen Ort bedecken würde. Entscheide dich dafür, dass du sein Licht auf den Weg des Lebens richtest, damit andere den Weg sehen und ihm folgen können. Bleibe in Kontakt mit der Kraftquelle, damit dein Licht weiter scheint. Vielen Menschen wird das Licht abgeschaltet, weil sie den lebenswichtigen Kontakt zum Krafthaus überbrücken. Bewahre lebenswichtige Gemeinschaft mit dem Wahren Weinstock und lebe bewusst des leuchtenden Lichts, das du trägst.

Betrete jeden Ort mit der Absicht, dein Licht scheinen zu lassen. Manchmal, wenn du an einen Ort kommst und dein Licht scheint, reagieren diejenigen, die die Dunkelheit lieben, negativ auf dich, nicht wegen irgendetwas, was du gesagt oder getan hast, sondern weil ihnen das Licht, das du gebracht hast, unangenehm für sie ist. Bei manchen Reaktionen auf dich geht es nicht um dich, sondern um das Licht, das du trägst.

Verkünde, was du bist

Vater, ich danke dir für das, was du über mich sagst. Ich glaube deinem Wort von ganzem Herzen und von ganzer Seele. Ich weigere mich zu glauben, was meine Umstände sagen. Ich weigere mich zu glauben, was die Leute sagen. Ich stehe auf dein Wort und bekenne daher, dass ich bin, was du sagst. Und ich bin, wer du sagst, ich bin.

Ich bin das Licht der Welt. Mein Licht kann nicht gelöscht werden. Ich werde mein Licht leuchten lassen, wo du mich platziert hast und in dem, was du mir zu tun gegeben hast. Ich werde das Licht meines Lebens auf den Pfad des Lebens strahlen, damit andere den Weg finden können. Die Dunkelheit kann meine Anwesenheit nicht ertragen. Ich werde die Dunkelheit vertreiben, wo immer ich hingehe und bei allem, was ich tue. Ich werde den lebenswichtigen Kontakt mit der Kraftquelle aufrechterhalten, um so hell wie möglich zu strahlen, in Jesu mächtigem Namen, Amen.

Nr. 3
Du hast das Wissen der Geheimnisse des Königreichs
(Matthäus 13,11)

„Er aber antwortete und sprach: Weil es euch gegeben ist, die Geheimnisse des Himmelreichs zu verstehen; jenen aber ist's nicht gegeben."

Das Reich Gottes hat Geheimnisse, die dich dazu bringen, die Fülle zu genießen, die darin verborgen ist. Du weißt, dass Schätze immer verborgen sind und nur diejenigen, die die Geheimnisse dieser Schätze kennen, haben zu denen Zugang und können somit von ihnen profitieren. Der Herr sagt, dass du die Geheimnisse bereits kennst. Vielleicht weißt du einfach nicht, dass diese Geheimnisse dafür da sind, um die Mysterien zu entschlüsseln, die im Wort verborgen sind.

Es ist wie jemand, der den Schlüssel zu einem Schatzhaus hat, ohne dass er wissen würde, dass er den Schlüssel zu einem solchen Ort besitzt. Alles, was du wissen musst, ist, wie du die

Geheimnisse anwenden kannst, die du bereits im Besitz hast. Du bist kein Fremder! Du hast die Geheimnisse des Hauses; beginne sie zu nutzen. Bitte den Heiligen Geist, den Offenbarer der Geheimnisse Gottes, die Geheimnisse des Königreichs in deinem Besitz zu erhellen und zu erfahren, wie du sie effektiv anwenden kannst, um maximale Wirkung zu erzielen.

Verkünde, was du bist

Vater, ich danke dir für das, was du über mich sagst. Ich glaube deinem Wort von ganzem Herzen und von ganzer Seele. Ich weigere mich zu glauben, was meine Umstände sagen. Ich weigere mich zu glauben, was die Leute sagen. Ich stehe auf dein Wort und bekenne daher, dass ich bin, was du sagst. Und ich bin, wer du sagst, ich bin.

Ich habe die Geheimnisse des Königreichs in mir. Durch den Glauben werde ich sie herausholen und sie nutzen, um Schätze zu erschließen, die in deinem Wort verborgen sind. Ich habe Zugang zu göttlichen Mysterien. Ich werde die Dinge des Königreichs verstehen. Was Anderen verschlossen ist, ist mir zugänglich. Danke für solch ein wundersames Geschenk, im Namen Jesu, Amen.

Nr. 4
Alles steht dir zur Verfügung
(Matthäus 7,7)

"Bittet, so wird euch gegeben; suchet, so werdet ihr finden; klopfet an, so wird euch aufgetan!"

Alles, was du brauchst, um das Leben in seiner Fülle gemäß dem Willen Gottes zu leben, ist nur eine Bitte von dir entfernt. Du musst nur im Glauben bitten, und es wird dir gehören. Jakobus sagte: *"Ihr erlanget es nicht, weil ihr nicht bittet."* (Jakobus 4,3a). Es ist mir egal, was du willst, wenn es mit Gottes Wort und seinem Plan für dich als Individuum übereinstimmt, kannst du es haben, wenn du darum bittest. Ich habe es nicht gesagt. Er sagte es in seinem unfehlbaren Wort. Hat er nicht an anderer Stelle in seinem heiligen Wort gesagt, dass denen, die den Herrn suchen, nichts Gutes fehlt? Es steht geschrieben: *"Junge Löwen leiden Not und Hunger;*

*aber die den HERRN suchen, müssen **nichts Gutes entbehren**.*" (Psalm 34,10) Der Grund, warum uns gute Dinge fehlen, ist, dass wir nach den guten Dingen suchen. Gott möchte, dass du ihn suchst, und wenn du ihn suchst, wirst du alles Gute finden. Wenn du ihn suchst, richtet sich dein Wille nach seinem aus, und wenn du in Übereinstimmung mit seinem Willen bittest, wird es dir gehören, wie der heilige Johannes sagte: Dies ist das Vertrauen, das **wir** haben, wenn wir uns Gott nähern: **wenn wir etwas** nach seinem Willen **bitten**, er hört uns. (1. Johannes 5,14) Die Betonung liegt auf allem, was seinem Willen entspricht.

Verkünde, was du bist

Vater, ich danke dir für das, was du über mich sagst. Ich glaube deinem Wort von ganzem Herzen und von ganzer Seele. Ich weigere mich zu glauben, was meine Umstände sagen. Ich weigere mich zu glauben, was die Leute sagen. Ich stehe auf dein Wort und bekenne daher, dass ich bin, was du sagst. Und ich bin, wer du sagst, ich bin.

Ich bin dein Sohn, alles, was ich habe, gehört dir und alles, was du hast, ist meins. Ich lehne die Bettlermentalität ab. Ich werde in einer Position bleiben, in der du mich immer hören kannst, wenn ich um etwas bitte. Ich weiß, dass du mehr als willens und bereit bist, mir etwas zu geben. Also komme ich im Glauben, um dir meine Bitte mitzuteilen. Im Namen Jesu, Amen.

Nr. 5
Du hast Autorität zu binden und zu lösen
(Matthäus 18,18)

„Wahrlich, ich sage euch, was ihr auf Erden binden werdet, das wird im Himmel gebunden sein, und was ihr auf Erden lösen werdet, das wird im Himmel gelöst sein."

Als der Herr diese verblüffende Offenbarung machte, sagte er uns, dass wir unser Leben nach unseren Wünschen gestalten können. Was auch immer dir widerfährt, was dem Wort Gottes widerspricht, du hast den Auftrag, es zu binden und unwirksam zu machen. Die Dinge, die du erwartest, aber scheinbar nicht auf dich zukommen, kannst du von dem lösen, was sie möglicherweise festhält. Du wirst sehen, dass das passiert, was du zulässt, und das, was du ablehnst, nicht mehr passiert. Die Dinge, die im Himmel frei fließen, aber auf der Erde behindert werden, müssen freigegeben werden, um hier auf der Erde zu fließen. Die Dinge, die nicht im Himmel sind, sich aber hier auf der Erde manifestieren und die Fülle des Lebens behindern, sollen auf Erden gebunden sein. Dies ist die Autorität, die dir gegeben wurde, um die Angelegenheiten dieses Planeten so zu bestimmen, dass sie mit denen des Himmels übereinstimmen.

Verkünde, was du bist

Vater, ich danke dir für das, was du über mich sagst. Ich glaube deinem Wort von ganzem Herzen und von ganzer Seele. Ich weigere mich zu glauben, was meine Umstände sagen. Ich weigere mich zu glauben, was die Leute sagen. Ich stehe auf dein Wort und bekenne daher, dass ich bin, was du sagst. Und ich bin, wer du sagst, ich bin.

Ich kann nicht an das gebunden sein, was ich nicht zugelassen habe, und ich habe das Mandat, zu verwerfen, was ich will. Im Namen Jesu binde ich alle gegensätzlichen Kräfte, die in meiner Umgebung und in meinen Angelegenheiten wirken. Ich befreie meine Segnungen aus dem geistlichen Königreich. Ich befreie Engel, die in meinem Namen Aufgaben übernehmen und Dinge zu meinen Gunsten geschehen lassen, Amen.

Nr. 6
Du hast die Gene Gottes in dir
(Johannes 1,12-13)

„Allen denen aber, die ihn aufnahmen, gab er Vollmacht, Gottes Kinder zu werden, denen, die an seinen Namen glauben; welche nicht aus dem Geblüt, noch aus dem Willen des Fleisches, noch aus dem Willen des Mannes, sondern aus Gott geboren sind."

Das Kind bekommt automatisch die Gene des Vaters. Weil du aus Gott geboren bist, trägst du die Gene Gottes in sich. Die Gene für Weisheit, Kraft, Erfolg und kreative Fähigkeiten sind alle in dir. Ab heute solltest du aufhören, dich wie ein normaler Mensch zu verhalten, weil du von oben geboren bist. Du kannst Dinge ins Leben rufen, weil die Gene deines Vaters in dir sind. Denke daran, dass er alles ins Leben gerufen hat und dass er dir dieselben Gene übermittelt hat. Das nächste Mal, wenn dich jemand fragt, woraus du deiner Meinung nach gemacht bist, sag ihm, dass du aus göttlichen Genen gemacht bist.

Es steht geschrieben: *„Denn wir sind Glieder seines Leibes, von seinem Fleisch und von seinem Gebein."* (Epheser 5,30) Eine Sache, die den Teilen eines menschlichen Körpers gemeinsam ist, ist, dass alle Teile aus dem gleichen genetischen Material bestehen. Die Gene im Kopf sind die gleichen Gene in den Füßen, die Gene im Gehirn sind die gleichen Gene im Darm.

Weil du aus Gott geboren bist, bist du ein Überwinder. Du kannst uneingeschränkt lieben. Du kannst all denen vergeben, die gegen dich sündigen und dich verletzen. Du bist in der Lage, in Heiligkeit und Rechtschaffenheit zu wandeln. Weil du aus Gott geboren bist, bist du mehr als ein Eroberer, die Gene der Herrschaft und Macht sind in dir drin.

Verkünde, was du bist

Vater, ich danke dir für das, was du über mich sagst. Ich glaube deinem Wort von ganzem Herzen und von ganzer Seele. Ich weigere mich zu glauben, was meine Umstände sagen. Ich weigere mich zu glauben, was die Leute sagen. Ich stehe auf dein Wort und bekenne daher, dass ich bin, was du sagst. Und ich bin, wer du sagst, ich bin.

Ich habe deine Gene in mir. Ich habe in meinem Inneren göttliche Weisheit, Kraft und kreative Fähigkeit gespeichert. Weil ich dein Kind bin, werde ich das Leben von oben widerspiegeln. Ich weigere mich zu argumentieren, zu denken, zu sprechen und zu handeln wie jemand, der von natürlicher Abstammung ist. Ich werde Dinge sagen, die nicht so sind, als ob sie wären, weil deine schöpferische Kraft in mir wohnt, in Jesu Namen, Amen.

Nr. 7
Du bist sicher in Christus
(Johannes 10,28-29)

„Und ich gebe ihnen ewiges Leben, und sie werden in Ewigkeit nicht umkommen, und niemand wird sie aus meiner Hand reißen. Mein Vater, der sie mir gegeben hat, ist größer als alle, und niemand kann sie aus meines Vaters Hand reißen."

Unsicherheit ist eine der Krankheiten, die die Welt geplagt haben. Aber für dich, da du in Christus bist, bist du sicher vor allen Bedrohungen des Bösen. Du wirst sowohl durch die Hand des Vaters als auch des Herrn Jesus beschützt. Deine Feinde mögen zu Tode wüten, aber du kannst von ihren Drohungen unberührt bleiben, denn das stärkste Wesen im Universum hält dich fest. Höre also auf, in Panik zu geraten, und entspanne dich in dem sicheren Schutz, den der Vater dir täglich bietet. Diene Gott mit einem Gefühl der Sicherheit, dass der Größte hinter dir steht. Er umgibt dich mit Feuerflammen. Er hat eine Schutzmauer um dich und alles, was dir gehört, errichtet. Denkt daran: „Kindlein, ihr seid aus Gott und habt jene überwunden, weil der in euch größer ist als der in der Welt." (1. Johannes 4,4) Stehe täglich auf und spreche diesen Vers laut aus: *„Dem aber, welcher mächtig genug ist, euch ohne Fehl zu bewahren und euch unsträflich, mit Freuden vor das Angesicht seiner Herrlichkeit zu stellen, Gott allein, unsrem Retter durch Jesus Christus, unsren Herrn, gebührt Herrlichkeit, Majestät, Macht und Gewalt vor aller Zeit, jetzt und in alle Ewigkeit! Amen."*

(Judas 1,24-25)

Verkünde, was du bist

Vater, ich danke dir für das, was du über mich sagst. Ich glaube deinem Wort von ganzem Herzen und von ganzer Seele. Ich weigere mich zu glauben, was meine Umstände sagen. Ich weigere mich zu glauben, was die Leute sagen. Ich stehe auf dein Wort und bekenne daher, dass ich bin, was du sagst. Und ich bin, wer du sagst, ich bin.

Ich bekenne, dass ich in dir sicher bin. Nichts kann mir schaden, weil ich in dir bin und deine Hände mich in dir halten. Ich weigere mich, der Angst nachzugeben, selbst inmitten von Stürmen. Ich weiß, nichts kann mich aus deiner Hand reißen. Ich lehne jede Art von Unsicherheit in der Art, wie ich denke, spreche und handle, ab. Ich entspanne mich in der Gewissheit deines Schutzes, in Jesu großartigem Namen, Amen.

Nr. 8
Du hast einen vorbereiteten und garantierten Platz im Himmel
(Johannes 14,1-2)

„Euer Herz erschrecke nicht! Vertrauet auf Gott und vertrauet auf mich! In meines Vaters Hause sind viele Wohnungen; wo nicht, so hätte ich es euch gesagt. Ich gehe hin, euch eine Stätte zu bereiten."

Wenn du wirklich wiedergeboren bist, hast du einen Platz im Himmel, der dir garantiert ist. Viele Menschen leben kein effektives Leben, weil der Teufel immer wieder Zweifel an ihrer ewigen Sicherheit in ihren Köpfen weckt. Der Herr sagt, er hat einen Platz für dich vorbereitet. Sehr bald wird er kommen, um dich zu sich zu nehmen. Wenn also der Teufel das nächste Mal kommt, um dich zu befragen, sage ihm, er soll verschwinden, dass dir eine garantierte Villa in dem Königreich Gottes erwartet, aus dem er schändlich vertrieben wurde. Lebe täglich in Übereinstimmung mit dem offenbarten Willen Gottes in seinem Wort, und du brauchst dich um nichts zu sorgen zu müssen. Denn dderjenige, der dich berufen hat, kann dich bis zum Tag seiner Rückkehr bewahren.

Verkünde, was du bist

Vater, ich danke dir für das, was du über mich sagst. Ich glaube deinem Wort von ganzem Herzen und von ganzer Seele. Ich weigere mich zu glauben, was meine Umstände sagen. Ich weigere mich zu glauben, was die Leute sagen. Ich stehe auf dein Wort und bekenne daher, dass ich bin, was du sagst. Und ich bin, wer du sagst, ich bin.

Mir ist ein Platz im Himmel garantiert. Ich werde heilig und in Gehorsam zu dir leben, um auf dem Weg zu bleiben, der mich dorthin führt. Ich bin kein Kandidat für die Hölle. Ich bin ein sicherer Kandidat für den Himmel. Auf dieser Erde bin ich nur auf einer Pilgerreise. Ich weigere mich, mein Ziel aus den Augen zu verlieren, im Namen Jesu, Amen.

Nr. 9
Du bist spirituell rein
(Johannes 15,3)

„Ihr seid schon rein um des Wortes willen, das ich zu euch geredet habe."

Das Wissen um die Tatsache, dass du aufgrund des zu dir gesprochenen Wortes Gottes rein bist, wird dich davon abhalten, mit dem Schlamm der Sünde zu spielen. So wie du Schmutz vermeidest, wenn du weißt, dass du rein bist, so wirst du all diese Verunreinigungen vermeiden, weil du weißt, dass du durch das Wort rein gemacht wurdest. Jakobus sprach davon, *„sich davor zu bewahren, von der Welt verschmutzt zu werden"*. Du bist durch das Wort Gottes, auf das du hörst, rein gemacht worden. Wenn dich das nächste Mal jemand in den Schlamm der Sünde einlädt, sag ihm, dass du zu rein bist, um im Schlamm zu spielen.

Da du nun in einer kontaminierten Welt lebst, können Dinge unbewusst an dir reiben, deshalb musst du dem Wort durch systematisches Lesen, Studieren und Meditieren begegnen, denn wenn du mit dem Wort interagierst, wäscht und reinigt es dich von Unreinheiten. Es steht geschrieben: *„Auf daß er dich heiligt, nachdem er dich gereinigt hat durch das Wasserbad im Wort."* (Epheser 5,25) Das Wort spielt eine Rolle bei deiner Heiligung!

Verkünde, was du bist

Vater, ich danke dir für das, was du über mich sagst. Ich glaube deinem Wort von ganzem Herzen und von ganzer Seele. Ich weigere mich zu glauben, was meine Umstände sagen. Ich weigere mich zu glauben, was die Leute sagen.

Ich stehe auf dein Wort und bekenne daher, dass ich bin, was du sagst. Und ich bin, wer du sagst, ich bin. Ich bin gewaschen, ich bin in Christus geheiligt und gerechtfertigt worden. Ich weigere mich, mit der Sünde zu spielen. Ich werde mich von allem fernhalten, was Geist, Seele und Körper verunreinigt. Ich weise die Anschuldigungen des Bösen bezüglich meiner Vergangenheit zurück, im Namen Jesu, Amen.

Nr. 10
Du bist ein Zweig des Weinstocks
(Johannes 15,5)

„Ich bin der Weinstock, ihr seid die Reben; wer in mir bleibt und ich in ihm, der bringt viel Frucht; denn getrennt von mir könnt ihr nichts tun."

Der Weinstock ist Jesus, und du bist ein Zweig dieses Weinstocks. Das bedeutet, dass du eine permanente Verbindung zu dem Weinstock hast. Du bist mit dem Einen verbunden, der alle Dinge durch das Wort seiner Autorität hält, dem König des ganzen Universums. Es bedeutet, dass jede deiner Lieferungen von ihm kommt, dein ganzes Leben stammt von ihm. Aus diesem Grund solltest du alles tun, um dich nicht vom Weinstock zu trennen.

Außerdem kann die Rebe nur nach der Rebsorte Früchte tragen. So werdet ihr ab heute keine Frucht bringen, die nicht von dem Weinstock ist, dem ihr angehört. Weigere dich, dem Teufel zu erlauben, irgendeine Art von Einpflanzung in dein Leben zu bringen. Du sollst und darfst nur die Frucht des Geistes tragen.

Verkünde, was du bist

Vater, ich danke dir für das, was du über mich sagst. Ich glaube deinem Wort von ganzem Herzen und von ganzer Seele. Ich weigere mich zu glauben, was meine Umstände sagen. Ich weigere mich zu glauben, was die Leute sagen. Ich stehe auf dein Wort und bekenne daher, dass ich bin, was du sagst. Und ich bin, wer du sagst, ich bin.

Ich bin ein Zweig des wahren Weinstocks. Ich kann nur Früchte tragen, die dem Weinstock entsprechen. Ich weigere mich, dass der Feind mir seinen Zweig einpfropft. Ich werde mit Gottes Weinstock verbunden bleiben und die Frucht des Geistes hervorbringen, im Namen Jesu, Amen.

Nr. 11
Du warst besonders vom Herrn erwählt
(Johannes 15,16)

„Nicht ihr habt mich erwählt, sondern ich habe euch erwählt und gesetzt, daß ihr hingehet und Frucht bringet und eure Frucht bleibe, auf daß, was irgend ihr den Vater bitten werdet in meinem Namen, er es euch gebe."

Die Wahl, dem Herrn zu gehören, kam nicht von dir. Es war seine Entscheidung und Wahl, dich zu sich zu rufen und dich zu seinem Sohn oder seiner Tochter zu machen. Ist das nicht wunderbar? Kannst du es dir vorstellen, dass er durch viele andere in deiner Umgebung gegangen ist und dich persönlich aus den vielen Menschen in deiner Klasse, deinem Arbeitsplatz, deiner Nachbarschaft, deinem Stamm usw. ausgewählt hat, um dich zu seiner eigenen zu machen? Also, von heute an sollten deine Kämpfe, um in ihm zu bleiben, aufhören. Versuche nicht, den Herrn mit deinen Werken zu beeindrucken. Er hat dich aufgrund seines guten Willens und seines Wohlgefallens auserwählt.

„Als aber die Freundlichkeit und Menschenliebe Gottes, unsres Retters, erschien, hat er (nicht um der Werke der Gerechtigkeit willen, die wir getan hätten, sondern nach seiner Barmherzigkeit) uns gerettet durch das Bad der Wiedergeburt und Erneuerung des heiligen Geistes, welchen er reichlich über uns ausgegossen hat durch Jesus Christus, unsren Retter." (Titus 3,4-6) Er hat seine Wahl nicht geändert. Du bist immer noch sein Auserwählter. Wenn du das nächste Mal jemanden triffst, sag ihm oder ihr, dass du eine besondere Wahl des Herrn bist!

Die Wahl basierte ursprünglich nur auf seiner Gnade und Barmherzigkeit. Und ich habe irgendwo gelesen, dass *„Gnadenbeweise des HERRN sind's, daß wir nicht gänzlich aufgerieben wurden, denn seine Barmherzigkeit ist nicht zu Ende; sie ist alle Morgen neu, und seine Treue ist groß!"* (Klagelieder 3,22-23). Egal was du getan hast, seine Barmherzigkeit ist jeden Morgen neu. Fühle dich nicht so, als hätte Gott seine Wahl über dich geändert. Du bist immer noch derjenige, den er auserwählt hat. Bereue einfach und ändere deinen Weg zurück zu seinen liebevollen Armen. Du bist seine Wahl!

Verkünde, was du bist

Vater, ich danke dir für das, was du über mich sagst. Ich glaube deinem Wort von ganzem Herzen und. mit ganzer Seele. Ich weigere mich zu glauben, was meine Umstände sagen. Ich weigere mich zu glauben, was die Leute sagen. Ich stehe auf dein Wort und gestehe daher, dass ich bin, was du sagst. Und ich bin, wer du sagst, ich bin.

Ich gestehe, dass ich in deinen Augen etwas Besonderes bin. Ich beschließe, mich in dir zu entspannen. Ich weigere mich zu kämpfen, um mich in dir zu halten. Die Wahl lag bei dir, und du hast deine Meinung über mich nicht geändert. Danke, dass du durch die Menge gegangen bist und mich ausgewählt hast, um deine Güte zu demonstrieren. Amen

Nr. 12
Du gehörst nicht zur Welt
(Johannes 15,19)

"Wäret ihr von der Welt, so hätte die Welt das Ihrige lieb; weil ihr aber nicht von der Welt seid, sondern ich euch aus der Welt heraus erwählt habe, darum haßt euch die Welt."

Viele Leute denken, dass Gläubige sich seltsam verhalten. Das ist wahr, absolut wahr! Der einfache Grund ist, dass sie Fremde auf dieser Welt sind! Ein Fremder sollte sich seltsam verhalten, deshalb wird er ein Fremder genannt. Von heute an musst du dich als nicht Teil dieser Welt sehen. Wenn nicht, wirst du nicht an deinen angeblich seltsamen Handlungen und Verhaltensweisen festhalten.

Deine Kultur unterscheidet sich von ihrer, weshalb sie dich nicht verstehen können. Der Herr Jesus Christus in seinem herzzerreißenden Gebet für die Jünger sagte zum Vater: *"Sie sind nicht von der Welt, gleichwie auch ich nicht von der Welt bin"* (Johannes 17,16), also werdet ihr von heute an keine Kompromisse mehr eingehen! Hör auf zu versuchen, von der Welt akzeptiert zu werden. Viele Menschen haben in ihrem Streben nach weltlicher Akzeptanz die Standards, Wege und Prinzipien der Welt angenommen. Erinnerst du dich nicht, dass das System der Welt mit Gott feindlich gesinnt ist?

Steht es nicht geschrieben: *„Habt nicht lieb die Welt, noch was in der Welt ist! Wenn jemand die Welt lieb hat, so ist die Liebe zum Vater nicht in ihm. Denn alles, was in der Welt ist, die Fleischeslust, die Augenlust und das hoffärtige Leben, kommt nicht vom Vater her, sondern von der Welt, und die Welt vergeht mit ihrer Lust; wer aber den Willen Gottes tut, der bleibt in Ewigkeit"*? (1. Johannes 2,15-17)

Verkünde, was du bist

Vater, ich danke dir für das, was du über mich sagst. Ich glaube deinem Wort von ganzem Herzen und. mit ganzer Seele. Ich weigere mich zu glauben, was meine Umstände sagen. Ich weigere mich zu glauben, was die Leute sagen. Ich stehe auf dein Wort und gestehe daher, dass ich bin, was du sagst. Und ich bin, wer du sagst, ich bin.

Ich weigere mich, so zu denken, zu argumentieren, zu sprechen und zu handeln, wie es die Welt tut. Ich bin abgesondert von der Welt und abgesondert für Gott. Ich werde nicht zulassen, dass die Welt mich in ihre Form presst. Ich werde nach den Grundsätzen des Königreichs leben. Ich werde in Übereinstimmung mit dem Reich, dem ich angehöre, denken, argumentieren, sprechen und handeln. Im Namen Jesu, Amen.

Nr. 13

Du hast Anspruch auf die Heilig-Geist-Taufe

(Apostelgeschichte 2,39)

"Denn euch gilt die Verheißung und euren Kindern und allen, die ferne sind, soviele der Herr unser Gott herrufen wird."

Als jemand, der Christus als deinen Herrn und Erlöser bekannt hat, hast du ein Recht darauf, vom Heiligen Geist getauft zu werden. Es ist das Versprechen des Vaters. Es ist sehr wichtig, dass du dich im Heiligen Geist taufen lässt, wenn du es noch nicht bist. Du verpasst viel, indem du das Leben lebst, das nicht ständig durch den Geist ausgefüllt wird. Er wird dich beten lehren und in einer besonderen Sprache für dich beten. Er wird dich führen und dir Dinge sagen, die du sonst nicht wissen würdest. Beanspruche dieses Versprechen; es ist dein Recht als von oben Geborener.

Verkünde, was du bist

Vater, ich danke dir für das, was du über mich sagst. Ich glaube deinem Wort von ganzem Herzen und. mit ganzer Seele. Ich weigere mich zu glauben, was meine Umstände sagen. Ich weigere mich zu glauben, was die Leute sagen. Ich stehe auf dein Wort und gestehe daher, dass ich bin, was du sagst. Und ich bin, wer du sagst, ich bin.

Ich glaube, ich kann ohne den Heiligen Geist mein volles Potenzial nicht ausleben, geschweige denn dein Potenzial anzapfen. Ich möchte mit dem Heiligen Geist erfüllt werden, ich unterwerfe mich der Taufe des Heiligen Geistes mit dem Beweis des Zungenredens.

Nr. 14
Deine Zeit und dein Wohnort wurden von Gott vorherbestimmt
(Apostelgeschichte 17,26)

„Und er hat aus einem Blut das ganze Menschengeschlecht gemacht, daß es auf dem ganzen Erdboden wohne, und hat im voraus die Zeiten und die Grenzen ihres Wohnens bestimmt."

Bevor du geboren bist, bestimmte Gott den Zeitraum, in dem du leben solltest, und den Ort, in dem du leben solltest um die größte Wirkung für sein Königreich zu erzielen. Der Ort, an dem sich ein Mensch aufhält, ist sehr wichtig für die Erfüllung seiner von Gott bestimmten Bestimmung. Es ist deine Aufgabe, Gott zu fragen, wo er entschieden hat, dass du leben solltest. Es liegt Macht darin, geografisch am richtigen Ort zu sein. Darüber habe ich ausführlich in meinem Buch *„Erfüllung Deiner Bestimmung"* gesprochen.

Verkünde, was du bist

Vater, ich danke dir für das, was du über mich sagst. Ich glaube deinem Wort von ganzem Herzen und von ganzer Seele. Ich weigere mich zu glauben, was meine Umstände sagen. Ich weigere mich zu glauben, was die Leute sagen. Ich stehe auf dein Wort und gestehe daher, dass ich bin, was du sagst. Und ich bin, wer du sagst, ich bin.

Herr, ich will mein Leben nicht damit verbringen, Dinge auszuprobieren. Ich weiß, dass du vorherbestimmt hast, wo ich in jedem Augenblick meines Lebens leben soll. Ich weigere mich, mich nach Gelegenheiten und Umständen zu richten. Ich werde deiner Führung folgen, wo ich wohnen oder umziehen soll, um in deinem Willen und Segen zu bleiben, in Jesu Namen, Amen.

Nr. 15

Du lebst und bewegst dich und hast dein Sein in Gott

(Apostelgeschichte 17,28)

"Denn in ihm leben, weben und sind wir, wie auch einige von euren Dichtern gesagt haben: «Wir sind auch seines Geschlechts.»"

Als Kind Gottes lebst du von Gott, du bewegst dich von Gott, du hast dein Sein in Gott. Solange du lebst, hast du Gott in dir. Er ist die Essenz deines Lebens. Wenn du das nächste Mal das Gefühl hast, dass Gott sehr weit weg von dir ist, sag zu dir selbst, dass er nah ist, denn solange du Leben hast, stammt dieses Leben von ihm. Ohne ihn werden die Dinge in deinem Leben auseinanderfliegen. Wenn du täglich deine Entscheidungen triffst, tu dies mit dem Bewusstsein, dass Gott in dir und durch dich wirkt, dann werden die Dinge im positiven Sinne viel anders sein.

Der Prophet Jeremia bekannte: *"Ich weiß, HERR, daß des*

Menschen [Lebens] Weg nicht in seiner [begrenzten] Macht steht und daß der Mann, der da wandelt [in seiner besten Form], seine Schritte [im Leben] nicht zu lenken vermag." (Jeremia 10,23) und der Lehrer sagte: „Des Menschen Herz denkt sich seinen Weg [durch seine Lebensreise] aus; aber der HERR lenkt seine Schritte." (Sprüche 16,9) und „Jedermanns Gänge kommen vom HERRN. Welcher Mensch versteht seinen Weg [vollständig]?" (Sprüche 20,24 LB) Gott hat immer die Kontrolle, sogar über die bewussten und unbewussten Entscheidungen, die du triffst, wenn du im Dunkeln bist.

Verkünde, was du bist

Vater, ich danke dir für das, was du über mich sagst. Ich glaube deinem Wort von ganzem Herzen und. mit ganzer Seele. Ich weigere mich zu glauben, was meine Umstände sagen. Ich weigere mich zu glauben, was die Leute sagen. Ich stehe auf dein Wort und gestehe daher, dass ich bin, was du sagst. Und ich bin, wer du sagst, ich bin.

Ich werde in allem, was ich tue, deiner Führung folgen. Meine Schritte, Wendungen und Stopps werden im Gleichschritt mit deinem Geist erfolgen. Ich weigere mich, mich nach meinen Instinkten zu bewegen, in Jesu Namen. Ich mache jeden Schritt in diesem Leben in dem Wissen, dass du das Ergebnis bestimmst und meinen Weg leitest. Amen.

Nr. 16
Du bist von der Sünde befreit worden
(Römer 6,6-7)

„Wissen wir doch, daß unser alter Mensch mitgekreuzigt worden ist, damit der Leib der Sünde außer Wirksamkeit gesetzt sei, so daß wir der Sünde nicht mehr dienen; denn wer gestorben ist, der ist von der Sünde losgesprochen."

Ein begnadigter, aber ahnungsloser Gefangener verbleibt in seiner Gefängniszelle. Er könnte sogar von den Wärtern gequält werden. Die Sünde ist ein harter Aufgabenmeister, der seine Gefangenen nicht loslässt. Aber die Freiheit wurde dir von dem Moment an verordnet, als du dich vom Herzen zu Christus bekannt hast. Fortan wirst du also nicht länger zulassen, dass die Sünde dein Meister wird. Du wurdest vom König des Universums befreit und erlaubst daher nichts, dich aus irgendeinem Grund gefangen zu halten. Das wäre ein Verstoß gegen ein königliches Dekret.

Verkünde, was du bist

Vater, ich danke dir für das, was du über mich sagst. Ich glaube deinem Wort von ganzem Herzen und. mit ganzer Seele. Ich weigere mich zu glauben, was meine Umstände sagen. Ich weigere mich zu glauben, was die Leute sagen. Ich stehe auf dein Wort und bekenne daher, dass ich bin, was du sagst. Und ich bin, wer du sagst, ich bin.

Ich erkläre, dass ich frei von Sünde bin. Ich bin der Sünde gestorben und deshalb will ich nicht länger sündigen. Ich weise die Ansprüche der Sünde über mich zurück, ich weigere mich, seiner Macht und Anziehungskraft nachzugeben. Ich stehe zu der Freiheit und Heiligkeit, die Christus mir gebracht hat. Im Namen Jesu, Amen.

Nr. 17
Du bist frei von Verurteilung
(Römer 8,1-2)

"So gibt es nun keine Verdammnis mehr für die, welche in Christus Jesus sind. Denn das Gesetz des Geistes des Lebens in Christus Jesus hat mich frei gemacht von dem Gesetz der Sünde und des Todes."

Weil du in Christus Jesus bist, der dein Fürsprecher ist, stehst du nicht länger unter Verdammung. Tatsächlich bist du aufgrund deiner Verbindung zum König immun gegen jede Art von Verurteilung. Alle Anklagen, die gegen dich erhoben wurden, wurden in dem Moment fallengelassen, indem du die Entscheidung getroffen hast, Christus nachzufolgen. Lass dich nicht länger vom Teufel anklagen. Das nächste Mal, wenn er mit seinen lästernden Anschuldigungen kommt, sag ihm, dass er sich verspätet hat, weil Christus Jesus die Verurteilung für dich getragen hat.

Verkünde, was du bist

Vater, ich danke dir für das, was du über mich sagst. Ich glaube deinem Wort von ganzem Herzen und. mit ganzer Seele. Ich weigere mich zu glauben, was meine Umstände sagen. Ich weigere mich zu glauben, was die Leute sagen. Ich stehe auf dein Wort und gestehe daher, dass ich bin, was du sagst. Und ich bin, wer du sagst, ich bin.

Es gibt jetzt keine Verurteilung über mein Leben. Mir wurde vergeben, gereinigt, gerechtfertigt und wiederhergestellt. Ich weise jede Stimme der Anklage zurück. Ich wurde für nicht schuldig erklärt, freigelassen und durch das Gesetz des Geistes des Lebens geschützt. Ich weigere mich, unter dem Gesetz der Verurteilung zu handeln, in Jesu Namen, Amen.

Nr. 18
Du wirst vom Geist kontrolliert
(Römer 8,9)

„Ihr aber seid nicht fleischlich, sondern geistlich, so anders Gottes Geist in euch wohnt. Wer aber Christi Geist nicht hat, der ist nicht sein."

Paulus sagt hier, dass, wenn der Geist Gottes in dir wohnt, dann ist es er, der dich kontrolliert. Die Führung durch den Heiligen Geist kann sich in dein normales Leben verweben, sodass es dir vielleicht gar nicht bewusst ist, dass er dich führt. Aber eigentlich ist er es, der dich dazu führt, jede richtige Entscheidung und jeden richtigen Schritt zu treffen, den du jemals tust. Paulus sagt, dass du vom Geist kontrolliert wirst und nicht, dass du sein könntest oder sein werdest, sondern dass du derzeit von ihm kontrolliert wirst, weil er in dir lebt. Ist das nicht wunderbar und auch das, dass du in dem Bewusstsein leben kannst, dass dein Leben vom Heiligen Geist gelenkt wird, sodass du dich aktiv seiner Führung, seinen Eingebungen und seinem Anstoß beugen kannst?

Verkünde, was du bist

Vater, ich danke dir für das, was du über mich sagst. Ich glaube deinem Wort von ganzem Herzen und. mit ganzer Seele. Ich weigere mich zu glauben, was meine Umstände sagen. Ich weigere mich zu glauben, was die Leute sagen. Ich stehe auf dein Wort und gestehe daher, dass ich bin, was du sagst. Und ich bin, wer du sagst, ich bin.

Ich bin ein Geistwesen mit einer Seele, das in einem Körper lebt. Ich werde nicht vom Fleisch geleitet, sondern vom Geist. Ich unterwerfe mich ständig dem Geist, ich werde keiner anderen Stimme lauschen und ihr folgen, als der des Geistes. Ich werde meine Entscheidungen und Entschlüsse in Übereinstimmung mit dem treffen, was der Geist sagt, in Jesu Namen, Amen.

Nr. 19

Dein gegenwärtiges Leiden kann nicht Verglichen werden, mit der Herrlichkeit, die dich erwartet

(Römer 8,18)

„Denn ich halte dafür, daß die Leiden der jetzigen Zeit nicht in Betracht kommen gegenüber der Herrlichkeit, die an uns geoffenbart werden soll."

Als Christ gibt es vieles, auf das du in Form von Vergnügen oder anderen Dingen verzichtet hast. Es gibt einige Schmerzen, die du erträgst, die dir sonst nicht widerfahren wären, wenn du kein Christ gewesen wärst. Doch all das, was du durchgemacht hast, was du jetzt durchmachst, oder noch durchmachen wirst, kann zusammengenommen nicht mit der Herrlichkeit verglichen werden, die dich aufgrund des Leidens erwartet, das du um seines Namens willen ertragen hast.

Verkünde, was du bist

Vater, ich danke dir für das, was du über mich sagst. Ich glaube deinem Wort von ganzem Herzen und. mit ganzer Seele. Ich weigere mich zu glauben, was meine Umstände sagen. Ich weigere mich zu glauben, was die Leute sagen. Ich stehe auf dein Wort und gestehe daher, dass ich bin, was du sagst. Und ich bin, wer du sagst, ich bin.

Jedes Leid, das mir wegen des Kreuzes widerfährt, wegen der Kosten, dir zu folgen, werde ich annehmen und umarmen. Was auch immer ich für die Sache des Evangeliums ertragen mag, kann sich nicht mit der Herrlichkeit vergleichen, die deswegen kommt. Ich werde kein Leiden suchen, aber ich werde auch nicht davonlaufen, weil ich weiß, dass du immer bei mir bist und mich siegreich durch jeden Schritt führen wirst. In Jesu Namen, Amen.

Nr. 20
Die ganze Schöpfung wartet auf deine Manifestation
(Römer 8,19 EB)

„Denn das sehnsüchtige Harren der Schöpfung wartet auf die Offenbarung der Söhne Gottes."

Die Kinder Gottes haben in diesen Endzeiten eine große Rolle zu spielen. Die ganze Schöpfung wartet sehnsüchtig auf deine Manifestation als Kind Gottes. Du hast dich zu lange versteckt.

Es ist Zeit, aus deinem Versteck herauszukommen und Heldentaten für deinen Gott und seinen Christus zu vollbringen. Es ist Zeit für dich, das zu manifestieren, was Gott in dich gelegt hat. Die Schöpfung ist dem Teufel verfallen und sucht die Befreiung von ihm. Wir als Kinder Gottes sind diejenigen, die dem Rest der Schöpfung, der noch immer in Knechtschaft steckt, Freiheit bringen. Wenn sie dich ansehen, sehnen sie sich danach zu sehen, wie du die Macht und Herrlichkeit manifestierst, die Gott in dich gelegt hat. Wisse von heute an, dass viele Dinge darauf warten, dass du mit der Manifestation beginnst. Das Schicksal der Schöpfung ist an deine Manifestation gebunden, um in die glorreiche Freiheit der Errungenschaften des Kreuzes von Golgatha gebracht zu werden. Sprich es laut aus: *„Es ist die Zeit meiner Manifestation, mein Licht scheint heller und heller. Ich enthülle den Himmel auf Erden"*.

Verkünde, was du bist

Vater, ich danke dir für das, was du über mich sagst. Ich glaube deinem Wort von ganzem Herzen und mit ganzer Seele. Ich weigere mich zu glauben, was meine Umstände sagen. Ich weigere mich zu glauben, was die Leute sagen. Ich stehe auf dein Wort und gestehe daher, dass ich bin, was du sagst. Und ich bin, wer du sagst, ich bin.

Ich werde mein Schicksal erfüllen und es nicht verwirken. Ich werde meiner Generation offenbart werden. Meine Generation soll sich über meine Manifestation freuen, denn sie wartet sehnsüchtig auf mich. Augen werden das Wunder deines Wirkens in mir erblicken und sich über das freuen, was du aus mir gemacht hast. Ich werde für den gewöhnlichen Verstand in Jesu Namen ein Erstaunen sein, Amen.

Nr. 21
Der Geist tritt für dich ein
(Römer 8,26-27)

„Ebenso kommt aber auch der Geist unserer Schwachheit zu Hilfe. Denn wir wissen nicht, was wir beten sollen, wie sich's gebührt; aber der Geist selbst tritt für uns ein mit unausgesprochenen Seufzern. Der aber die Herzen erforscht, weiß, was des Geistes Sinn ist; denn er vertritt die Heiligen so, wie es Gott angemessen ist."

Du hast einen ständigen allwissenden Fürsprecher, der für dich betet, in Übereinstimmung mit dem Willen Gottes für dein Leben. Das bedeutet, dass seine Gebete für dich nicht unbeantwortet bleiben können, da er die Gedanken des Vaters in Bezug auf dich kennt. Aus diesem Grund musst du immer im Geist beten, denn wenn du ihm die Gelegenheit gibst, wird er durch dich beten, für dich, sowie für andere. Ich persönlich bete während meiner normalen Gebetssitzungen mindestens zwei Stunden lang im Geist. Wenn du nicht weißt, was du beten sollst, lass dich ihn einfach in unbekannten Worten durch dich beten. Bete absichtlich für Situationen mit unbekannten Wörtern. Wenn du dich ihm hingibst, wird er mit einer Intensität beten, die Worte nicht ausdrücken können.

Verkünde, was du bist

Vater, ich danke dir für das, was du über mich sagst. Ich glaube deinem Wort von ganzem Herzen und. mit ganzer Seele. Ich weigere mich zu glauben, was meine Umstände sagen. Ich weigere mich zu glauben, was die Leute sagen. Ich stehe auf dein Wort und gestehe daher, dass ich bin, was du sagst. Und ich bin, wer du sagst, ich bin.

Herr, ich danke dir für die unermüdliche Fürbitte des Heiligen Geistes für mich. Danke, dass jedes seiner Gebete in meinem Namen erhört wird. Ich werde ihm mehr Gelegenheiten geben, für mich einzutreten, indem ich oft und immer im Geist bete. In Jesu Namen, Amen.

Nr. 22
Alle Dinge arbeiten zu deinem Besten zusammen
(Römer 8,28)

„Wir wissen aber, daß denen, die Gott lieben, alles zum Besten mitwirkt, denen, die nach dem Vorsatz berufen sind."

Es ist wunderbar zu wissen, dass sogar die bösen Absichten des Teufels dir gegenüber zu deinem Besten wirken werden, solange du Gott liebst. Der Teufel hat nicht das letzte Wort in deinem Leben. Egal was er tut, es ist der allmächtige Jesus, der das letzte Wort hat. Das heißt, er ist es, der den Ausgang dessen bestimmt, was auch immer auf dich zukommen mag. Du kannst jede Kombination von Dingen nehmen, die dir passieren. Gott sagt, all diese Dinge werden sich zu deinem Besten wenden. Höre auf, den Teufel zu verherrlichen, indem du ihm Anerkennung für die Dinge gibst, die in deinem Leben erlaubt sind. Erkenne die Souveränität und Zentralität von Christus Jesus in deinem Leben an. Jedes Mal, wenn du dem Teufel Ehre machst, verurteilst du dich selbst als jemanden, der Gott nicht liebt. Wenn du die Liebe wirklich liebst, dann kannst du dein Leben darauf verwetten, dass Gott alles zu deinem Besten ausrichten wird.

Verkünde, was du bist

Vater, ich danke dir für das, was du über mich sagst. Ich glaube deinem Wort von ganzem Herzen und. mit ganzer Seele. Ich weigere mich zu glauben, was meine Umstände sagen. Ich weigere mich zu glauben, was die Leute sagen. Ich stehe auf dein Wort und gestehe daher, dass ich bin, was du sagst. Und ich bin, wer du sagst, ich bin.

Herr, ich glaube, dass mir nichts zufällig passiert, weil mein Leben in deinen Händen liegt. Ich glaube, dass du in allem, was in meinem Leben passiert, für das ultimative Wohl deines ewigen Zwecks für mein Leben arbeitest. Ich liebe dich, Herr. Ich bin nach deinem Vorsatz berufen. Deshalb arbeitest du in allen Dingen zu meinem Besten, in Jesu Namen, Amen.

Nr. 23
Weil Gott für dich ist, spielt es keine Rolle, wer gegen dich ist
(Römer 8,31)

„Was wollen wir nun hierzu sagen? Ist Gott für uns, wer mag wider uns sein?"

Du hast die stärkste Person, die höchste Autorität, den besten Richter, den größten Fürsprecher, die weiseste Person, die liebevollste Person an deiner Seite. Ist es jetzt wichtig, wer auf der anderen Seite ist? Sicherlich nicht. Lasse den Teufel vor seiner Zeit zur Hölle fahren, wenn er es wünscht. Du kümmerst dich nicht um ihn, weil Gott zusammen mit dir die Mehrheit seid und ihr das stärkste Team bildet, das es je geben kann.

Lass den Teufel an die Decke schlagen, wenn er will, sein Widerstand zählt nichts. Du wirst im Leben viel Widerstanden erfahren, aber das Wissen des Herzens, dass Gott in dir, mit dir und für dich ist, wird dich zu einem ewigen Sieger machen.

Wenn Gott für deine Ehe ist, spielt es keine Rolle, wer dagegen ist. Wenn Gott für deinen Erfolg und deine Erbauung ist, lasse die Hölle los, es zählt für dich nichts.

Verkünde, was du bist

Vater, ich danke dir für das, was du über mich sagst. Ich glaube deinem Wort von ganzem Herzen und. mit ganzer Seele. Ich weigere mich zu glauben, was meine Umstände sagen. Ich weigere mich zu glauben, was die Leute sagen. Ich stehe auf dein Wort und gestehe daher, dass ich bin, was du sagst. Und ich bin, wer du sagst, ich bin.

Herr, vergib mir, wenn ich dachte, ich wäre allein. Vergib mir die Zeiten, in denen ich Angst hatte und vor Widerstand kauerte. Von nun an stelle ich mich Herausforderungen in dem Wissen, dass mich keine Herausforderung besiegen kann, weil du bei mir bist. Mit dir bin ich unaufhaltsam. Mit dir bin ich unbezwingbar. Im Namen Jesu, Amen.

Nr. 24
Nichts kann dich von Gottes Liebe trennen
(Römer 8,35-39)

„Wer will uns scheiden von der Liebe Christi? Trübsal oder Angst oder Verfolgung oder Hunger oder Blöße oder Gefahr oder Schwert? Wie geschrieben steht: «Um deinetwillen werden wir getötet den ganzen Tag, wir sind geachtet wie Schlachtschafe!» Aber in dem allen überwinden wir weit durch den, der uns geliebt hat! Denn ich bin überzeugt, daß weder Tod noch Leben, weder Engel noch Fürstentümer noch Gewalten, weder Gegenwärtiges noch Zukünftiges, weder Hohes noch Tiefes, noch irgend ein anderes Geschöpf uns zu scheiden vermag von der Liebe Gottes, die in Christus Jesus ist, unsrem Herrn!"

Ist es nicht wunderbar zu wissen, dass Gottes Liebe für dich ewig ist? Ist es nicht tröstlich und atemberaubend zu erkennen, dass dich nichts auf dieser Welt von Gottes Liebe trennen kann - ob Dinge im Sichtbaren oder im Unsichtbaren - einfach nichts? Du kannst sicher sein, dass nichts Äußeres diese Liebesbeziehung trennen kann. Die Beziehung wurde von Gott initiiert und wird von ihm aufrechterhalten. Du kannst dich entspannen und diese unendliche Liebe genießen.

Verkünde, was du bist

Vater, ich danke dir für das, was du über mich sagst. Ich glaube deinem Wort von ganzem Herzen und. mit ganzer Seele. Ich weigere mich zu glauben, was meine Umstände sagen. Ich weigere mich zu glauben, was die Leute sagen. Ich stehe auf dein Wort und gestehe daher, dass ich bin, was du sagst. Und ich bin, wer du sagst, ich bin.

Herr, ich glaube, nichts kann mich von Dir trennen, nichts kann mich von Deiner Liebe trennen. Ich bin umgeben von und verschlungen in deiner Liebe. Dieser Tatsache werde ich mir jeden Tag und in allem bewusst sein. In Jesu Namen, Amen.

Nr. 25

Christus ist deine Gerechtigkeit und Heiligkeit geworden
(1. Korinther 1,30)

„Durch ihn aber seid ihr in Christus Jesus, welcher uns von Gott gemacht worden ist zur Weisheit, zur Gerechtigkeit, zur Heiligung und zur Erlösung."

Weil du Christus bekannt hast und in ihm lebst, ist er deine Gerechtigkeit und Heiligkeit vor dem Vater. Wenn der Vater dich ansieht, sieht er die Gerechtigkeit und Heiligkeit seines Sohnes in dir und auf dir und hält dich daher in seinen Augen für gerecht. Wenn dich daher jemand fragen sollte, warum du sicher bist, dass du kein Sünder bist, sag ihm, dass Christus Jesus deine Gerechtigkeit und Heiligkeit vor Gott geworden ist. Du bist eine gerechte und heilige Person, aber das kommt nicht von dir, sondern von Gott. Das sollte dich zuversichtlich machen und deinen Sieg über die Sünde verstehen lassen.

Verkünde, was du bist

Vater, ich danke dir für das, was du über mich sagst. Ich glaube deinem Wort von ganzem Herzen und. mit ganzer Seele. Ich weigere mich zu glauben, was meine Umstände sagen. Ich weigere mich zu glauben, was die Leute sagen. Ich stehe auf dein Wort und gestehe daher, dass ich bin, was du sagst. Und ich bin, wer du sagst, ich bin.

Ich glaube, dass ich gerecht und heilig bin, weil Christus Jesus meine Gerechtigkeit und Heiligkeit in dir geworden ist. Ich lehne die Umstände ab die mich umgeben, und entscheide mich zu glauben, was du sagst, in Jesu Namen, Amen.

Nr. 26
Du wurdest gewaschen, geheiligt und gerechtfertigt
(1. Korinther 6,11)

„Und solche sind etliche von euch gewesen; aber ihr seid abgewaschen, ihr seid geheiligt, ihr seid gerechtfertigt worden in dem Namen unsres Herrn Jesus Christus und in dem Geist unseres Gottes!"

Viele Menschen leben immer noch mit der Schuld ihrer vergangenen Sünden und das macht ihnen Angst, ihre Rechte als Kinder Gottes einzufordern. Hör mir zu! Was auch immer du warst, bevor du zu Christus gekommen bist, wenn du Buße getan und Wiedergutmachung geleistet hast, wo es nötig war, lasse dich nicht länger vom Teufel mit Anklagen belästigt werden. Du bist vom Blut gewaschen worden und erscheinst sündlos vor dem Vater. Weil du gewaschen wurdest, kannst du es dir nicht leisten, länger mit dem Schlamm der Sünde zu spielen. Bleibt rein in eurer Heiligung.

Verkünde, was du bist

Vater, ich danke dir für das, was du über mich sagst. Ich glaube deinem Wort von ganzem Herzen und. mit ganzer Seele. Ich weigere mich zu glauben, was meine Umstände sagen. Ich weigere mich zu glauben, was die Leute sagen. Ich stehe auf dein Wort und bekenne daher, dass ich bin, was du sagst. Und ich bin, wer du sagst, ich bin.

Ich werde mich rein und frei von Verschmutzung halten. Ich weigere mich, mit irgendeiner Form von Sünde zu spielen, im Namen Jesu, Amen.

Nr. 27
Dein Körper ist Gottes Tempel
(1. Korinther 6,19)

„Oder wisset ihr nicht, daß euer Leib ein Tempel des in euch wohnenden heiligen Geistes ist, welchen ihr von Gott empfangen habt, und daß ihr nicht euch selbst angehöret?"

Du bist eine lebendige Behausung der Gottheit. Vater, Sohn und Heiliger Geist leben alle in dir, deshalb ist dein Körper heilig. Du kannst es dir nicht leisten, das zu entweihen, was der Vater durch seine eigene Anwesenheit geheiligt hat. Mein Gebet ist, dass sich deine Sichtweise bezüglich dieses Körpers von *„meinem Körper"* zu *„Gottes Tempel"* ändert. Wenn dies geschieht, wirst du sicherstellen, dass du alles, was Verunreinigung bringen kann, von diesem heiligen Ort fernhaltest. Du wirst diesen Tempel mit heiliger Ehrerbietung behandeln wegen dem Einen, der darin lebt.

Verkünde, was du bist

Vater, ich danke dir für das, was du über mich sagst. Ich glaube deinem Wort von ganzem Herzen und. mit ganzer Seele. Ich weigere mich zu glauben, was meine Umstände sagen. Ich weigere mich zu glauben, was die Leute sagen. Ich stehe auf dein Wort und gestehe daher, dass ich bin, was du sagst. Und ich bin, wer du sagst, ich bin.

Ich werde meinen Tempel durch die Kraft des Heiligen Geistes heilig halten. Alles Unreine wird aus diesem Tempel fernbleiben. Ich werde Wache halten über seinen Toren und dafür sorgen, dass nichts Beschmutzendes hineinkommt, in Jesu Namen, Amen.

Nr. 28
Du bist von Gott gesalbt und versiegelt worden
(2. Korinther 1,21-22; Epheser 1,13)

„Der Gott aber, der uns samt euch für Christus befestigt und uns gesalbt hat, der hat uns auch versiegelt und in unsre Herzen das Pfand des Geistes gegeben."

„In ihm seid auch ihr, nachdem ihr das Wort der Wahrheit, das Evangelium eurer Rettung gehört habt, in ihm seid auch ihr, als ihr glaubtet, versiegelt worden mit dem heiligen Geiste der Verheißung."

In dem Moment, in dem du geglaubt hast, hat Gott dich gesalbt und sein Eigentumssiegel auf dich gelegt. Das macht jeden Anspruch des Teufels auf dein Leben falsch. Das Siegel Gottes auf deinem Leben sagt dem Teufel, dass du eine „No-Go-Zone" für ihn und seine Kohorten bist. Tatsächlich ist es das Siegel des Vaters, das die Engel dich erkennen lässt. Es hebt dich von anderen ab, selbst wenn du dich in einer Menge Sünder am geschäftigsten Ort der Welt befindest. Dass du das Siegel Gottes auf dich trägst, sollte dich mutig und zuversichtlich machen, in welchen Umständen auch immer du dich selbst finden. Satanisten erkennen dieses Siegel und halten sich fern. Sie wollen dir vielleicht Angst einjagen, wenn du nicht weißt, dass Gottes Siegel auf dir ist. Aber weil du jetzt über das Siegel Bescheid weißt, kannst du dich über ihre Wut lustig machen!

Außerdem wurdest du gesalbt, um Lösungen für die Dilemmata des Lebens bereitzustellen, wo immer du bist. Steh jeden Tag auf und erkläre: „«*Der Geist des Herrn ist auf mir, weil er mich gesalbt hat; er hat mich gesandt, den Armen frohe Botschaft zu verkünden, zu heilen, die zerbrochenen Herzens sind, Gefangenen Befreiung zu predigen und den Blinden, daß sie wieder sehend werden, Zerschlagene in Freiheit zu setzen; zu predigen das angenehme Jahr des Herrn.*»" (Lukas 4,18) Du wurdest für Heldentaten gesalbt. Du wurdest für Heilung, Befreiung und Durchbruch gesalbt. Sehe dich als göttliche Lösung für gemeinsame Probleme, die die Menschheit plagen.

Verkünde, was du bist

Vater, ich danke dir für das, was du über mich sagst. Ich glaube deinem Wort von ganzem Herzen und mit ganzer Seele. Ich weigere mich zu glauben, was meine Umstände sagen. Ich weigere mich zu glauben, was die Leute sagen.

Ich stehe auf dein Wort und gestehe daher, dass ich bin, was du sagst. Und ich bin, wer du sagst, ich bin.

Danke, dass du mich gesalbt und mich als dein Eigentum versiegelt hast. Ich lehne alle Ansprüche des Teufels auf mich oder meine Angelegenheiten ab. Durch die Salbung auf mir zerbreche ich jedes Joch des Bösen über mein Leben oder Eigentum, im Namen Jesu, Amen.

Nr. 29
Christus ist für dich gestorben, damit du für ihn leben kannst
(2. Korinther 5,15 NeÜ)

„Er ist für sie gestorben, damit sie nicht mehr für sich selbst leben, sondern für den, der für sie gestorben und auferweckt worden ist."

Wahre Zufriedenheit und Erfüllung können nur zu dir kommen, dein Leben kann nur einen Sinn haben, wenn du aufhörst, für dich selbst zu leben, und anfängst, für andere zu leben. Dieser andere ist derjenige, der gestorben ist, um dich von der Herrschaft der Sünde und des Teufels zu befreien. Dein Leben findet nur dann Sinn und Richtung, wenn du es dem Dienst des Königs widmest. Alles andere kann nur vorgetäuschte kurzfristige Befriedigung bringen. Entscheide dich ab heute dafür, dass du dein ganzes Leben für Gott leben wirst, durch Christus Jesus. Nur so kannst du Zufriedenheit finden. Denke daran: *„Was immer ihr tut, das*

tut von Herzen, als für den Herrn und nicht für Menschen."
(Kolosser 3,23)

Verkünde, was du bist

Vater, ich danke dir für das, was du über mich sagst. Ich glaube deinem Wort von ganzem Herzen und. mit ganzer Seele. Ich weigere mich zu glauben, was meine Umstände sagen. Ich weigere mich zu glauben, was die Leute sagen. Ich stehe auf dein Wort und gestehe daher, dass ich bin, was du sagst. Und ich bin, wer du sagst, ich bin.

Herr, ich weigere mich fortan, für mich selbst zu leben. Ich verurteile und verzichte auf alle meine egozentrischen Bestrebungen und beschließe, für dich zu leben, in den Entscheidungen, die ich treffe, und in den Dingen, für die ich mich aufwende, in Jesu Namen, Amen.

Nr. 30
Du bist ein neues Geschöpf in Christus
(2. Korinther 5,17)

"Darum, ist jemand in Christus, so ist er eine neue Kreatur; das Alte ist vergangen, siehe, es ist alles neu geworden!"

Du bist durch die neue Geburt neu gemacht worden. Alte Dinge sind vorbei und Gott hat dir ein neues Herz, einen neuen Geist, eine neue Bestimmung, eine neue Familie gegeben. Du hast jetzt einen neuen Meister, einen neuen Vater und ein neues Zuhause. Du bist in der Tat eine neue Schöpfung in Christus Jesus. Was dich betrifft, hat Gott alles neu gemacht, sogar deine Aufzeichnung im Himmel ist eine neue Aufzeichnung. Deine Zukunft ist eine neue, denn vor der Wiedergeburt hattest du eine andere Zukunft, die trostlos und ungewiss war. Aber wegen der Wiedergeburt hast du eine glänzende neue Zukunft in Christus. Erlaube keinem Mann, dich nach deiner Vergangenheit zu beurteilen. Jedes Mal, wenn der Teufel dich wegen deiner Vergangenheit anklagt, sag ihm, dass er sich irrt, der alte Mann ist tot, du bist ein brandneues Geschöpf Gottes. Du wurdest gemäß dem Göttlichen neu gemacht und umgestaltet.

Verkünde, was du bist

Vater, ich danke dir für das, was du über mich sagst. Ich glaube deinem Wort von ganzem Herzen und. mit ganzer Seele. Ich weigere mich zu glauben, was meine Umstände sagen. Ich weigere mich zu glauben, was die Leute sagen. Ich stehe auf dein Wort und gestehe daher, dass ich bin, was du sagst. Und ich bin, wer du sagst, ich bin.

Ich bin ein neues Geschöpf in Christus, getrennt von meiner Vergangenheit. Ich lebe ein neues Leben in Christus, bestimmt für eine strahlende Zukunft, in Jesu Namen, Amen.

Nr. 31
Du bist ein Botschafter Christi
(2. Korinther 5,20)

„So sind wir nun Botschafter an Christi Statt, und zwar so, daß Gott selbst durch uns ermahnt; so bitten wir nun an Christi Statt: Lasset euch versöhnen mit Gott!"

Wo auch immer du dich auf diesem Planeten befindest du bist ein Botschafter des Königreichs. Du bist ein legaler und autorisierter Vertreter des Königs auf diesem dunklen Planeten. Du darfst so viele Daueraufenthaltsvisa ausstellen, wie du für Notwendig siehst. Da du ein Botschafter bist, liegt es in der Verantwortung deines Heimatlandes, sich um alle deine Bedürfnisse zu kümmern. Ab heute sollst du wissen, dass dir alle himmlischen Ressourcen zur Verfügung stehen. Als Botschafter hast du spezielle Wachen, die über dich wachen. Dies bringt die Verantwortung mit sich, die Haltung deines Heimatlandes zu jedem Thema zu kennen, so dass du nur in Übereinstimmung mit den Prinzipien deines Heimatlandes handeln und übereinstimmen darfst. Alle

Homelands-Prinzipien werden im Buch offenbart. Und du hast die Geheimcodes, um zu entschlüsseln, was da ist, und es entsprechend zu interpretieren. Du bist nicht irgendeine Person. Beginne also von heute an, als Diplomat zu leben, wie ein Diplomat zu sprechen und dich wie einer zu verhalten.

Verkünde, was du bist

Vater, ich danke dir für das, was du über mich sagst. Ich glaube deinem Wort von ganzem Herzen und. mit ganzer Seele. Ich weigere mich zu glauben, was meine Umstände sagen. Ich weigere mich zu glauben, was die Leute sagen. Ich stehe auf dein Wort und gestehe daher, dass ich bin, was du sagst. Und ich bin, wer du sagst, ich bin.

Danke, Herr, für alles, was du mir als Botschafter des Königreichs zur Verfügung gestellt hast. Danke für die Immunität von oben, danke für Engel, die beauftragt sind, mich zu bewachen und zu beschützen. Ich werde meine Aufgaben als Botschafter erfüllen. Ich werde die Interessen des Königreichs und nicht meine Persönlichen verfolgen, im Namen Jesu, Amen.

Nr. 32
Du bist gesegnet
(Galater 3,9 und 14)

„So werden nun die, welche aus dem Glauben sind, gesegnet mit dem gläubigen Abraham…. damit der Segen Abrahams zu den Heiden käme in Christus Jesus, auf daß wir durch den Glauben den Geist empfingen, der verheißen worden war."

Der Zweck, für den Christus dich erlöst hat, ist, dass du den Segen erben solltest. Das, was Abraham gegeben wurde, möge in seiner Fülle zu dir kommen. Weil du Glauben hast, bist du zusammen mit Abraham gesegnet worden. Hör auf, außerhalb dem Segen zu leben, den Gott dir gegeben hat. Nimm dir alles an und trete ein in alles, was der Vater über dich bestimmt hat. Was dich des gesegneten Lebens beraubt, ist die Unkenntnis der Tatsache, dass du bereits reichlich gesegnet bist. Du bist gesegnet und hochbegünstigt.

Es steht geschrieben: *„Gepriesen sei der Gott und Vater unsres Herrn Jesus Christus, der uns mit jedem geistlichen Segen gesegnet hat in den himmlischen Regionen durch Christus."* (Epheser 1,3). Ich möchte, dass du es zu dir selbst sagst, bis du überzeugt bist, dass du bereits reichlich gesegnet bist. Sobald du vom Geist überzeugt bist, beginnt der Segen zu dir zu fließen. Es ist Unglaube, der seinen Fluss blockiert. Glaube und Bewusstsein sind es, die die Segnungen des Spirituellen in das Natürliche übersetzen. Weil du gesegnet bist, kannst du nicht verflucht werden. Du bist nicht nur gesegnet, du wurdest zum Segen gemacht. Beginne jeden Tag mit dem Bewusstsein, dass du ein Segen für alle und alles bist, denen dich begegnen.

Verkünde, was du bist

Vater, ich danke dir für das, was du über mich sagst. Ich glaube deinem Wort von ganzem Herzen und. mit ganzer Seele. Ich weigere mich zu glauben, was meine Umstände sagen. Ich weigere mich zu glauben, was die Leute sagen. Ich stehe auf dein Wort und gestehe daher, dass ich bin, was du sagst. Und ich bin, wer du sagst, ich bin.

Herr, ich bin ein Kandidat für die Segnungen, die du Abraham gegeben hast. Im Glauben gehe ich in jeden von ihnen hinein. Ich weigere mich, im Mangel zu leben. Ich empfange die Fülle deines Segens in jedem Bereich meines Lebens. Ich bin gesegnet und ich bin ein Segen, im Namen Jesu, Amen.

Nr. 33
Du bist Abrahams Same
(Galater 3,29)

„Gehört ihr aber Christus an, so seid ihr Abrahams Same und nach der Verheißung Erben."

Weil du zu Christus Jesus gehörst, geltest du als Nachkommen Abrahams. Und weil du als Abrahams Same angesehen wirst, bist du ein Erbe von allem, was Abraham von Gott angeboten wurde. Du bist ein Erbe seines Glaubens, also fange an, Glauben auszuüben und lebe im Glauben. Du bist ein Erbe seines Gehorsams, also fang an, Gehorsam in allem zu üben, was der Vater von dir verlangt. Du bist ein Erbe dieser besonderen Beziehung, die er zu Gott hatte, also kannst auch du Gott auf besondere Weise nahe sein. Du bist ein Erbe seines Segens und lebst so ein gesegnetes Leben.

Verkünde, was du bist

Vater, ich danke dir für das, was du über mich sagst. Ich glaube deinem Wort von ganzem Herzen und. mit ganzer Seele. Ich weigere mich zu glauben, was meine Umstände sagen. Ich weigere mich zu glauben, was die Leute sagen. Ich stehe auf dein Wort und gestehe daher, dass ich bin, was du sagst. Und ich bin, wer du sagst, ich bin.

Ich bin ein Same Abrahams und daher ein Erbe aller Verheißungen, die ihm gemacht wurden. Ich werde meinen Besitz erben. Ich weigere mich, mich mit weniger zufrieden zu geben. Ich beschließe, in die Fülle meines Erbes einzudringen, im Namen Jesu, Amen.

Nr. 34
Du hast jeden geistlichen Segen, den du brauchst
(Epheser 1,3)

„Gepriesen sei der Gott und Vater unsres Herrn Jesus Christus, der uns mit jedem geistlichen Segen gesegnet hat in den himmlischen Regionen durch Christus."

Gott hat dich geistlich mit all dem geistlichen Segen gesegnet, den du zum Leben brauchst. Hör auf, um Segen zu beten, und genieße den Segen. Alles, was du für dein spirituelles Wohlbefinden benötigst, wurde dir zur Verfügung gestellt. Du kannst dich geistlich zu jeder gewünschten Höhe erheben, weil Gott es so vorgesehen hat. Ab heute wirst du aufhören, im Namen Jesu in geistlicher Armut und Mangel zu leben. Geistiger Zwerg zu sein hat für dich heute ein Ende. Aufgrund dieses Wissens wirst du zu Höhen aufsteigen, die du noch nie zuvor erlebt hast. Der Glaube ist die Schiene, auf der sich die Dinge vom Geistigen Reich zum Physischen bewegen. Erwartung ist das, was dich mit diesem

Reich verbindet. Erlaube deinen Erwartungen und deinem Glauben zu wachsen und stark zu sein. Auf diese Weise werden die Dinge, die im himmlischen Reich für dich aufbewahrt werden, zu dir fließen.

Verkünde, was du bist

Vater, ich danke dir für das, was du über mich sagst. Ich glaube deinem Wort von ganzem Herzen und. mit ganzer Seele. Ich weigere mich zu glauben, was meine Umstände sagen. Ich weigere mich zu glauben, was die Leute sagen Ich stehe auf dein Wort und bekenne daher, dass ich bin, was du sagst. Und ich bin, wer du sagst, ich bin.

Herr, ich werde zulassen, dass Erwartungen in mir wachsen, Erwartungen für große Dinge und Erwartungen für übernatürliche Dinge. Erfülle mich mit Glauben von oben. Auch dann, wenn ich auf dein Wort, das ich höre, antworte, im Namen Jesu, Amen.

Nr. 35
Du sitzt mit Christus in den himmlischen Örtern
(Epheser 2,6)

„Und hat uns mitauferweckt und mitversetzt in die himmlischen Regionen in Christus Jesus."

Weißt du, wo Christus sitzt? Die Bibel sagt, dass er zur Rechten Gottes des Vaters sitzt, weit über aller Herrschaft, Macht und Herrschaft und jedem Titel, der vergeben werden kann. (Epheser 1,21) Wenn du also mit Christus sitzt, dann gilt alles, was in Bezug auf die Sitzposition von Christus wahr ist, auch in Bezug auf deine Sitzposition wahr. Das ist etwas, was einen demütig werden lässt, aber trotzdem wahr. Du kannst es dir nicht länger leisten, dass der Teufel dich mit seinen Lügen bedroht. Du wurdest weit über ihm und all seinen Kohorten platziert. Wenn er also das nächste Mal möchte, dass du von deiner Position herunterkommst und ihn triffst, wo er sich an der Stelle des Kompromisses befindet, sage ihm, dass du nicht auf seine Ebene herunterkommen kannst. Du sitzt mit Christus an der Stelle der Macht und Autorität. Behalte deinen Platz und lebe das Leben der himmlischen Orte.

Verkünde, was du bist

Vater, ich danke dir für das, was du über mich sagst. Ich glaube deinem Wort von ganzem Herzen und. mit ganzer Seele. Ich weigere mich zu glauben, was meine Umstände sagen. Ich weigere mich zu glauben, was die Leute sagen. Ich stehe auf dein Wort und gestehe daher, dass ich bin, was du sagst. Und ich bin, wer du sagst, ich bin.

Von heute an, Herr, werde ich von der Autoritätsposition aus leben und operieren, in die du mich versetzt hast. Danke, dass du den Feind und seine Kohorten unter meine Füße gestellt hast, im Namen Jesu, Amen.

Nr. 36
Du bist ein Bürger des Himmels
(Epheser 2,19; Philipper 3,20)

„So seid ihr nun nicht mehr Fremdlinge und Gäste, sondern Mitbürger der Heiligen und Gottes Hausgenossen." „Unser Bürgerrecht aber ist im Himmel, von woher wir auch als Retter den Herrn Jesus Christus erwarten."

Weil dein Vater der König des Himmels ist und du von oben geboren bist, macht dich das zu einem Bürger des Himmels. Und weil du ein Bürger des Himmels bist, lebst du dein Leben nach den Regeln und Gesetzen des Landes deiner Staatsbürgerschaft. Du hast ein gesetzliches Recht auf alles, was der Himmel seinen Bürgern bietet. Da der Himmel souverän ist, ist auch deine Staatsbürgerschaft souverän. Du kannst aus keinem Grund abgeschoben werden, weil der Himmel deine Heimat ist.

Egal was du tust, du kannst nur von deinem Heimatland diszipliniert werden. Kann die Regierung der Vereinigten Staaten ihren eigenen Bürger ausweisen? Wenn ja wohin? Der Himmel verbannt seine Bürger nicht. Lebe also nach den Regeln und genieße die Freiheit deiner himmlischen Staatsbürgerschaft. Als Bürger des Himmels kannst du über nationale Grenzen hinausgehen und Situationen beeinflussen, denn das Königreich erstreckt sich über alle bekannten und unbekannten Nationen und Planeten.

Verkünde, was du bist

Vater, ich danke dir für das, was du über mich sagst. Ich glaube deinem Wort von ganzem Herzen und. mit ganzer Seele. Ich weigere mich zu glauben, was meine Umstände sagen. Ich weigere mich zu glauben, was die Leute sagen. Ich stehe auf dein Wort und gestehe daher, dass ich bin, was du sagst. Und ich bin, wer du sagst, ich bin.

Herr, öffne meine Augen für alle meine Rechte und Privilegien als Bürger des Himmels und hilf mir, alle Ressourcen zu erkunden, die der Himmel mir als Bürger zur Verfügung gestellt hat, im Namen Jesu, Amen.

Nr. 37

Gott, der sein Werk in dir begonnen hat, wird es zur Vollendung bringen
(Philipper 1,6; 1. Thessalonicher 2,13)

„Und weil ich davon überzeugt bin, daß der, welcher in euch ein gutes Werk angefangen hat, es auch vollenden wird bis auf den Tag Jesu Christi."

„Darum danken wir auch Gott unablässig, daß ihr das von uns empfangene Wort der Predigt Gottes aufnahmet, nicht als Menschenwort, sondern als das, was es in Wahrheit ist, als Gottes Wort, welches auch in euch, den Gläubigen, wirkt."

Gott mischt sich nie in halbfertige Projekte ein. Du bist ein göttliches Projekt, und was Gott in dir und durch dich begonnen hat, wird zu seiner eigenen Zeit zur Vollendung gebracht. Er ist zu treu, um dich unvollendet zu lassen. Bevor er mit dem Projekt begann, zählte er die Kosten und sah, dass er alles hat, was nötig ist, um sein Werk in dir zu vollenden. Er hat noch nicht und wird nie die Geduld verlieren, was dich betrifft. Du bist ein Gebäude im Entstehen; dein Architekt ist noch nicht fertig mit dir. Wenn jemand das nächste Mal auf deine Schwäche hinweist, sag ihm oder ihr, dass Gott noch nicht mit dir fertig ist. Wenn er mit dir fertig ist, werden andere darüber staunen, was er aus dir gemacht hat. Gott, der das Werk der Heiligung, Befreiung, Errettung, Heilung und Segnung begonnen hat, wird es bis zur Vollendung fortsetzen. Du hast noch nicht die Höhe erreicht, die Gott für dich bestimmt hat. Er ist immer noch dabei, dich hochzuheben und dich an den Ort zu bringen, den er für dich bestimmt hat. Lebe täglich in dem Bewusstsein, dass Gott, der das gute Werk in dir begonnen hat, immer noch bei dir ist und tut, was nur er tun kann.

Verkünde, was du bist

> *Vater, ich danke dir für das, was du über mich sagst. Ich glaube deinem Wort von ganzem Herzen und. mit ganzer Seele. Ich weigere mich zu glauben, was meine Umstände sagen. Ich weigere mich zu glauben, was die Leute sagen. Ich stehe auf dein Wort und gestehe daher, dass ich bin, was du sagst. Und ich bin, wer du sagst, ich bin.*
>
> *Danke, denn du wirst niemals ein Projekt von dir aufgeben. Danke, denn du arbeitest immer noch an mir. Ich gebe mich deiner Arbeit hin. Forme mich, presse mich, beschneide mich und feile mich, so lange du es für*

notwendig halltest, Herr, und lass mich das Gefäß werden, das für deinen kontinuierlichen Gebrauch geeignet ist, in Jesu Namen, Amen.

Nr. 38
Du bist qualifiziert worden, am Erbe der Heiligen teilzuhaben
(Kolosser 1,12)

„Dann werdet ihr mit Freude dem Vater danken, dass er euch fähig gemacht hat, an dem Erbe teilzuhaben, das für sein heiliges Volk im Licht bestimmt ist."

Viele Menschen suchen qualifizierte Mitarbeiter, um bestimmte Positionen zu besetzen. Aber Gott hat diejenigen, die er berufen hat, dazu befähigt, das zu erben, was er für die Heiligen bereithält. Es ist Gott, der dich qualifiziert hat und nicht deine Werke. Wenn du ehrlich zu dir selbst sein willst, leben die vielen Menschen um dich herum, die noch nicht errettet sind, moralisch gesehen möglicherweise ein weitaus besseres Leben als du als Ungläubiger gelebt hast. In menschlicher Hinsicht hätten sie für Erlösung und Segen qualifizierter sein können als du. Aber Gott hat beschlossen, dich zu qualifizieren. Wenn du dich unzulänglich fühlst, erinnere dich daran, dass es Gott selbst ist, der dich für seine Segnungen qualifiziert hat.

Niemand kann dich aufgrund deiner Schwäche disqualifizieren. Als Gott dich qualifiziert hat, hat er diese Schwächen gesehen, aber beschloss sich trotzdem, seine Stärke über sie zu werfen, so dass er selbst sie nicht mehr sieht. Wenn der Teufel oder einer seiner menschlichen oder geistigen Agenten dich beschuldigt, nicht qualifiziert zu sein, sage ihnen, dass deine Qualifikation von Gott kommt. Außerdem musst du versuchen, nicht dich selbst zu qualifizieren, dich Gott zu unterwerfen, und durch seine Führung wird er dich für das qualifizieren, was er für dich bereithält.

Verkünde, was du bist

Vater, ich danke dir für das, was du über mich sagst. Ich glaube deinem Wort von ganzem Herzen und. mit ganzer Seele. Ich weigere mich zu glauben, was meine Umstände sagen. Ich weigere mich zu glauben, was die Leute sagen. Ich stehe auf dein Wort und gestehe daher, dass ich bin, was du sagst. Und ich bin, wer du sagst, ich bin.

Vater, ich ergebe mich deiner Führung. Ich höre auf zu versuchen, mich zu qualifizieren. Meine Qualifikation liegt in dir und ich weiß, dass du mich qualifiziert hast, die Segnungen zu erben, die du für die Heiligen hast, im Namen Jesu, Amen.

Nr. 39
Gott hat dich in das Reich Christi gebracht
(Kolosser 1,13)

„Er hat uns aus der Gewalt der Finsternismächte befreit und uns unter die Herrschaft seines lieben Sohnes gestellt."

Wenn ein Mann Sicherheit unter der Gerichtsbarkeit eines anderen Herrschers sucht, braucht sein ehemaliger Herrscher, egal was der Mann getan hat, die Erlaubnis des gegenwärtigen Herrschers, bevor er in irgendeiner Weise den Mann berühren darf, insbesondere, wenn er Asyl beantragt hat. Auch wir haben im Reich Christi Asyl gesucht. Wir sind seiner Gerichtsbarkeit unterstellt. Wir befinden uns jetzt in der Domäne des größten Königs. Somit hat Satan, unser ehemaliger Meister, keine Macht mehr über uns. Uns wurde Asyl gewährt, also kann er seine Anklage nicht vor den Hof unseres Königs bringen.

Was auch immer diese Anklagen sind, sie werden aus dem Gericht geworfen, weil unser Ankläger kein Recht hat, vor Gericht unseres Landes zu stehen. Er hat kein Recht, seine Herrschaft über uns auszuüben. Alle seine Behauptungen sind illegal, weil wir uns im Königreich des Anderen befinden und uns die Staatsbürgerschaft verliehen wurde. Du bist frei von der Herrschaft der Dunkelheit und stehst jetzt unter der Herrschaft des Lichts. Die englischsprachige King-James-Version Bibel besagt, dass wir in das Königreich seines wunderbaren Lichts gebracht wurden. Licht durchdringt Dunkelheit und Dunkelheit kann niemals Licht durchdringen. Sieh dich selbst als von Satan unberührbar an. Dekretiere und proklamiere deine Immunität von seiner Herrschaft und seinem Einfluss.

Verkünde, was du bist

Vater, ich danke dir für das, was du über mich sagst. Ich glaube deinem Wort von ganzem Herzen und. mit ganzer Seele. Ich weigere mich zu glauben, was meine Umstände sagen. Ich weigere mich zu glauben, was die Leute sagen. Ich stehe auf dein Wort und gestehe daher, dass ich bin, was du sagst. Und ich bin, wer du sagst, ich bin.

Danke, dass du mich in eine neue Gerichtsbarkeit versetzt hast, wo der Feind kein Recht und keinen Zugang hat. Ich werde täglich im Bewusstsein meiner Immunität gegen die Bestrafung meines ehemaligen Meisters leben, weil

Christus Jesus mein neuer Meister und König geworden ist, in Jesu Namen, Amen.

Nr. 40
Du bist heilig und sehr geliebt
(Kolosser 3,12)

„Weil Gott euch nun auserwählt hat, zu seinen Heiligen und Geliebten zu gehören, bekleidet euch mit barmherziger Zuneigung, mit Güte, Demut, Milde und Geduld!"

Glaubst du, dass du sehr geliebt bist? Glaubst du jetzt, dass du heilig bist? Ich sehe, du zögerst mit der Antwort. Derselbe Vers, der sagt, dass du sehr geliebt bist, ist derselbe Vers, der sagt, dass du heilig bist. Tatsächlich kommt der Heiligkeitsaspekt vor dem innig geliebten Aspekt. Du musst also beide glauben. Gott sagt, du bist heilig und sehr geliebt. Wenn du dich das nächste Mal ungeliebt fühlst, verkünde laut und deutlich, dass du innig geliebt wirst. Wenn dir das nächste Mal jemand etwas vorwirft, wofür du bereits Buße getan hast, schreie, dass du heilig bist.

Es ist an der Zeit, dass Gläubige bekennen und erklären, was Gott bereits über sie verkündet hat. Gott sagt, du bist heilig und sehr geliebt, und das ist das, was er aus dir gemacht hat. Er wird niemals etwas über dich sagen, was er nicht bereits für dich getan hat. Wenn ich du wäre, würde ich es ausrufen: *„Ich bin heilig und sehr geliebt"*. Der Schreiber des Hebräerbriefes sagt es noch einmal: *„Darum heilige Brüder..."* (Hebräer 3,1). Du bist ein heiliger Bruder oder eine heilige Schwester. So spricht dich das Wort an.

Verkünde, was du bist

Vater, ich danke dir für das, was du über mich sagst. Ich glaube deinem Wort von ganzem Herzen und. mit ganzer Seele. Ich weigere mich zu glauben, was meine Umstände sagen. Ich weigere mich zu glauben, was die Leute sagen. Ich stehe auf dein Wort und gestehe daher, dass ich bin, was du sagst. Und ich bin, wer du sagst, ich bin.

Herr, ich danke dir, dass du mich heilig gemacht hast, ich gelobe, deiner Führung zu folgen, um heilig zu bleiben. Ich weigere mich, die Sünde über mich herrschen zu lassen. Ich werde durch die Kraft des Heiligen Geistes meinen Stand der Heiligkeit bewahren, im Namen Jesu, Amen.

Nr. 41
Gott wird dich stärken und beschützen
(2. Thessalonicher 3,3)

"Aber der Herr ist treu. Er wird euch stärken und vor dem Bösen beschützen."

Das bedeutet, dass dir immer dann Kraft zur Verfügung steht, wenn du dich schwach fühlst. Der Herr hat gesagt, dass er dich stärken und beschützen wird. Das bedeutet, dass es Zeiten gibt, in denen es dir an Kraft fehlt und du in Gefahr kommst. Wenn du dich also das nächste Mal schwach fühlst, ist es nicht seltsam, zapfe einfach das Versprechen für Stärke an und werde gestärkt. Wenn du dich das nächste Mal von was auch immer bedroht fühlst, entspann dich im verheißenen Schutz Gottes. Jedes Mal, wenn du dich mangelhaft und bedroht fühlst, steht dir eine unendliche Kraftreserve zur Verfügung. Gibt es einen Bereich in deinem Leben, indem du göttliche Kraft benötigst? Dann empfange die Kraft im Namen Jesu und wirke mit der Kraft von oben. Der

Himmel wacht beschützend über dich. Lebe täglich mit dem Bewusstsein göttlichen Schutzes.

Verkünde, was du bist

Vater, ich danke dir für das, was du über mich sagst. Ich glaube deinem Wort von ganzem Herzen und. mit ganzer Seele. Ich weigere mich zu glauben, was meine Umstände sagen. Ich weigere mich zu glauben, was die Leute sagen. Ich stehe auf dein Wort und gestehe daher, dass ich bin, was du sagst. Und ich bin, wer du sagst, ich bin.

Ich werde mich bei nichts auf meine eigene Kraft verlassen, sondern werde die Fülle deiner Kraft anzapfen und täglich auf deinen göttlichen Schutz über alles, was mich betrifft, vertrauen, im Namen Jesu, Amen.

Nr. 42

Du hast den Geist der Kraft, Liebe und Kühnheit

(2. Timotheus 1,7)

„Denn Gott hat uns nicht einen Geist der Furchtsamkeit gegeben, sondern der Kraft und der Liebe und der Zucht."

Du hast den Geist der Macht in dir. Du musst aufhören, wie ein Schwächling zu leben, weil du kein Schwächling bist. Ängstlichkeit und Feigheit sollten nicht Teil von dir sein, weil dir der Geist der Kühnheit gegeben wurde. Die Bibel sagt, dass die Gerechten so kühn wie ein Löwe sind (Sprüche 28,1). Weißt du, dass dein Vater der Löwe aus dem Stamm Juda ist? Wenn du also sein Nachkommen bist, trägst auch du die Gene des Löwen in dir. Ein Löwe hat niemals Angst, selbst wenn er allein unter anderen Tieren ist. Es ist an der Zeit, den Löwen in dir zu entwickeln. Lasse den Löwen nicht länger ruhend und angekettet bleiben. Lass diesen Löwen in dir los und lass ihn mit den Füchsen fertig werden, die dein Leben fressen. Lege die

Schüchternheit ab und behalte die Kontrolle, denn du warst mit dem Geist der Kühnheit ausgestattet.

Steh täglich auf und verkünde, dass du einen gesunden Verstand hast. Verwirrung sollte nicht Teil von dir sein. Wann immer du dich verwirrt fühlst, bereue es schnell und erkläre, dass du einen gesunden Verstand hast und zapfe den Verstand Christi an. Denn es steht geschrieben, dass wir den Sinn Christi haben.

Verkünde, was du bist

Vater, ich danke dir für das, was du über mich sagst. Ich glaube deinem Wort von ganzem Herzen und. mit ganzer Seele. Ich weigere mich zu glauben, was meine Umstände sagen. Ich weigere mich zu glauben, was die Leute sagen. Ich stehe auf dein Wort und gestehe daher, dass ich bin, was du sagst. Und ich bin, wer du sagst, ich bin.

Ich lehne alle Formen von Angst und Zweifel ab. Ich weigere mich, jede Art von Verwirrung zu hegen, weil ich einen gesunden Verstand habe. Ich werde in Liebe wandeln, weil ich den Geist der Liebe in mir habe, im Namen Jesu, Amen.

Nr. 43
Du bist ein königlicher Priester
(1. Petrus 2,9)

„Ihr aber seid ein auserwähltes Geschlecht, ein königliches Priestertum, ein heiliges Volk, ein Volk des Eigentums, damit ihr die Tugenden dessen verkündiget, der euch aus der Finsternis zu seinem wunderbaren Licht berufen hat."

Du bist nicht nur ein Priester, sondern ein königlicher Priester, jemand, der aus einer königlichen Familie stammt und dem König des Universums dient. Du kannst Sünden vergeben und Menschen zur Rechenschaft ziehen. Du hast das Recht, für andere einzutreten, und Gott wird dich erhören.

So wie die Priester im Physischen mit Würde bekleidet waren, seid ihr im Geistigen mit Würde bekleidet. Du kannst in das Allerheiligste gelangen. Du wurdest königlich bekleidet, um Königen zu dienen. Du darfst ab heute nichts von dir verwenden, um dem Teufel zu dienen. Alles, was du hast, muss in deinen königlichen Dienst gebracht werden. Engel schauen dich im Spirituellen an und staunen darüber, was Gott aus dir gemacht hat.

Dämonen sehen dich an und weinen darüber, was sie wegen ihrer Rebellion verloren haben. Deshalb sind sie so verrückt und verdorben. Weißt du, in letzter Zeit habe ich darüber nachgedacht, warum Gott Satan nicht sofort vernichtet hat. Dann wurde mir klar, dass die größte Strafe, die Gott Satan gegeben hat, darin besteht, ihn existieren zu lassen. Jeder Tag, der vergeht, macht ihn verdorbener und in seiner Seele gequälter, weil er den Ort der Herrlichkeit verlassen hat. Die Hölle wurde nur wegen der Menschheit für ihn gemacht, damit er eines Tages aufhören wird, die Menschensöhne zu täuschen.

Verkünde, was du bist

Vater, ich danke dir für das, was du über mich sagst. Ich glaube deinem Wort von ganzem Herzen und. mit ganzer Seele. Ich weigere mich zu glauben, was meine Umstände sagen. Ich weigere mich zu glauben, was die Leute sagen. Ich stehe auf dein Wort und gestehe daher, dass ich bin, was du sagst. Und ich bin, wer du sagst, ich bin.

Danke, dass du mich zum König gemacht hast, um dem König zu dienen. Ich werde meine priesterlichen Pflichten der Fürbitte und Versöhnung erfüllen. Ich werde dein Volk mit meinen Worten und Taten segnen, und ich werde dir mit allem dienen, was ich bin und habe, denn du bist die Quelle aller Dinge, im Namen Jesu, Amen.

Nr. 44
Du hast alles, was du zum Leben und zur Göttlichkeit brauchst
(2. Petrus 1,3)

„Nachdem seine göttliche Kraft uns alles, was zum Leben und zur Gottseligkeit dient, geschenkt hat, durch die Erkenntnis dessen, der uns kraft seiner Herrlichkeit und Tugend berufen hat."

Die Kraft Gottes, die in dir ist, hat dir alles gegeben, was du für dein natürliches Leben und dein geistliches Leben brauchst. Wenn du das nicht weißt, kannst du es nicht erfüllen. Es gibt nichts, was Gott dir nicht zur Verfügung gestellt hat, damit dein Leben effektiv und produktiv sein kann. Sind es Segnungen, die du brauchst, wurden sie dir zur Verfügung gestellt. Ist es Macht, wurde es dir gegeben. Ist es eine gute Gesundheit, wurde es dir gegeben. Ist es Autorität, es wurde dir gegeben.

Alles wurde für dich bereitgestellt. Und durch seine kostbaren Verheißungen kannst du alles bekommen, was du brauchst. Wenn du dich die Verheißungen im Glauben aneignest, kommst du zu der Erkenntnis, dass dir tatsächlich alles zur Verfügung gestellt wurde. Der Zugang zu allem, was dir zur Verfügung gestellt wurde, erhaltest du durch dein Wissen über Gott und seinen Christus. Dein Wissen über ihn ist dein Schlüssel zu allem, was du brauchst. Deshalb musst du alle Wege erkunden, die du finden kannst, wie im Wort offenbart, um Gott zu kennen. Die Qualität deines Lebens ist eine Funktion deines Wissens über ihn, der dich durch seine eigene Herrlichkeit und Güte berufen hat.

Verkünde, was du bist

Vater, ich danke dir für das, was du über mich sagst. Ich glaube deinem Wort von ganzem Herzen und. mit ganzer Seele. Ich weigere mich zu glauben, was meine Umstände sagen. Ich weigere mich zu glauben, was die Leute sagen. Ich stehe auf dein Wort und gestehe daher, dass ich bin, was du sagst. Und ich bin, wer du sagst, ich bin.

Ich gebe mich hin, um dich zu suchen und zu finden und dich zu kennen. Hilf mir, alle verfügbaren Wege zu erkunden, um dich besser kennenzulernen. Im Namen Jesu, Amen.

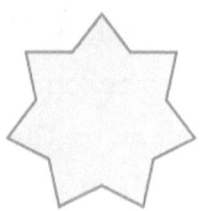

Nr. 45
Du hast den Bösen überwunden
(1. Johannes 2,13b)

„Ich schreibe euch Jünglingen, weil ihr den Bösen überwunden habt."

Der Böse wurde nicht nur für dich überwunden. Die Bibel sagt, dass du den Bösen überwunden hast. Wie ist es passiert? Als Christus ans Kreuz ging, warst du in ihm, als er starb, bis du auch gestorben. Als er begraben wurde, wurdest du mit ihm begraben, und als er siegreich auferstanden ist, bist du mit ihm auferstanden. Es ist die Auferstehung, die dir den Sieg über das Böse beschert hat. Beachte, dass dieser Sieg bereits vollbracht ist. Der Teufel ist also ein besiegter Feind, über den dir Autorität gegeben wurde.

Als Jesus den Teufel am Kreuz ausschaltete, warst du dabei in Christus, als er ihn ausschaltete. Dies ist keine bedingte Aussage, sondern eine vollendete Leistung.

Verkünde, was du bist

Vater, ich danke dir für das, was du über mich sagst. Ich glaube deinem Wort von ganzem Herzen und. mit ganzer Seele. Ich weigere mich zu glauben, was meine Umstände sagen. Ich weigere mich zu glauben, was die Leute sagen. Ich stehe auf dein Wort und gestehe daher, dass ich bin, was du sagst. Und ich bin, wer du sagst, ich bin.

Ich danke dir für meinen Sieg über das Böse. Ich werde täglich mit dem Wissen leben, dass ich den Bösen überwunden habe, im Namen Jesu, Amen.

Nr. 46
Du bist ein Kind Gottes
(1. Johannes 3,1)

„Sehet, welch eine Liebe hat uns der Vater erzeigt, daß wir Gottes Kinder heißen sollen! Darum erkennt uns die Welt nicht, weil sie Ihn nicht erkannt hat."

Es gibt ein kleines Lied, das mir so gut gefällt: *„Ich bin ein Kind Gottes, Halleluja; Ich bin aus Gott geboren, Halleluja"*. Es ist eine einfache Wahrheit, die deine Lebenseinstellung verändern wird, wenn sie dir offenbart wird. Wenn du ein Kind Gottes bist, bedeutet das, dass Gott bereit ist, sich um all deine Bedürfnisse zu kümmern. Es bedeutet, dass er dich beim Namen kennt und dich beim Namen nennt. Es bedeutet, dass er dein Wohl sucht und in allem für dein Wohl arbeitet. Es bedeutet, dass er in deinem Interesse arbeitet an allen großen und kleinen Dingen. Er ist der beste Vater, den man sich vorstellen kann. Einer, der dir bei allem hilft, was du tust. Es bedeutet, dass er weiß, was mit dir passiert, weil er alles weiß. Er wird dir alles beibringen, was du über ihn und das Leben wissen musst, so, wie es jeder gute Vater tun wird. Du bist ein Kind Gottes, wenn du dein Leben Jesus übergeben hast. Nichts kann diese Tatsache ändern oder bestreiten, nicht einmal deine Fehler und Schwächen. Dies ist ein Beweis für die Demonstration der göttlichen Liebe: Dass du, einst verloren und für die ewige Zerstörung bestimmt warst, nun gerettet und zu einem Kind des Königs des Universums gemacht worden bist. Er sagt: *„Höret mir zu, o du Haus Jakobs, und ihr alle, die ihr von dem Hause Israels noch übrig seid; ihr, die ihr mütterlich von mir getragen und von Geburt an von mir gepflegt worden seid: Bis zum Greisenalter bin ich derselbe, und bis zum Ergrauen will ich euch tragen. Ich habe es getan, und ich will auch fernerhin heben, tragen und erretten."* (Jesaja 46,3-4) Er hat dich von deiner Geburt an getragen und wird dich bis ins hohe Alter tragen.

Verkünde, was du bist

> *Vater, ich danke dir für das, was du über mich sagst. Ich glaube deinem Wort von ganzem Herzen und. mit ganzer Seele. Ich weigere mich zu glauben, was meine Umstände sagen. Ich weigere mich zu glauben, was die Leute sagen.*

Ich stehe auf dein Wort und gestehe daher, dass ich bin, was du sagst. Und ich bin, wer du sagst, ich bin.

Ich bin der Tatsache sicher, dass du mich zu deinem Kind gemacht hast. Ich werde alle Privilegien genießen und wie ein Kind des Allerhöchsten leben, im Namen Jesu, Amen.

Nr. 47
Gott kann dich vor dem Fall bewahren
(Judas 1,24; Psalm 55,22)

„Dem aber, welcher mächtig genug ist, euch ohne Fehl zu bewahren und euch unsträflich, mit Freuden vor das Angesicht seiner Herrlichkeit zu stellen." „Wirf dein Anliegen auf den HERRN, der wird dich versorgen und wird den Gerechten nicht ewiglich in Unruhe lassen!"

Fragst du dich immer noch, ob du es bis zum Ende schaffen wirst? Zweifelst du immer noch, ob du fallen wirst oder nicht? Du musst verstehen, dass Gott in der Lage ist, dich vor dem Fallen zu bewahren und dich fehlerfrei vor sich zu stellen. Es ist Gott, der dich vor dem Fallen bewahrt. Lass dich also nicht länger durch Sturzangst ablenken. Konzentriere dich auf das, wozu Gott dich berufen hat, und überlasse die Angelegenheit deiner sicheren Ankunft im Land der Bestimmung in den Händen dessen, der dich beauftragt hat.

Von heute an wirst du nicht länger auf die Lügen des Feindes hören, dass er dich zu Fall bringen wird, und dass du durch ihn den Himmel verpassen wirst. Er ist nicht derjenige, der dich gerufen oder gehalten hat, also kann er nicht bestimmen, ob du fallen wirst oder nicht. Der Eine, der dich gerufen hat, ist Gott der Allmächtige und er hat gesagt, dass er dich vor dem Fallen bewahren wird. Der Psalmist drückt es deutlicher aus. Werfe all diese Sorgen und die Angst zu fallen auf den Herrn, denn er wird die Rechtschaffenen niemals fallen lassen. Du musst nur an deiner Gerechtigkeit festhalten.

Verkünde, was du bist

Vater, ich danke dir für das, was du über mich sagst. Ich glaube deinem Wort von ganzem Herzen und. mit ganzer Seele. Ich weigere mich zu glauben, was meine Umstände sagen. Ich weigere mich zu glauben, was die Leute sagen. Ich stehe auf dein Wort und gestehe daher, dass ich bin, was du sagst. Und ich bin, wer du sagst, ich bin.

Ich lehne die Angst vor dem Fallen ab und werfe all meine Sorgen wissend auf dich, Herr, dass du mich auf dieser Reise zu meiner Bestimmung im Namen Jesu unterstützen wirst.

Nr. 48

Gott gibt dir alles zu deinem Vergnügen

(1. Timotheus 6,17)

„Den Reichen im jetzigen Zeitalter gebiete, daß sie nicht stolz seien, auch nicht ihre Hoffnung auf die Unbeständigkeit des Reichtums setzen, sondern auf den lebendigen Gott, der uns alles reichlich zum Genuß darreicht."

Viele Menschen sind als Christen sehr unglücklich, obwohl sie alles haben, was sie brauchen. Ihre Vorstellung ist, dass Gott nicht will, dass sie das Leben hier auf der Erde genießen. Sie warten auf den Tag, an dem sie das Leben im Himmel genießen werden. Ich möchte, dass du weißt, dass Gott daran interessiert ist, dass du dein Leben hier auf Erden genießt. Du musst nicht elend wirken, um Gott gut zu dienen. Der Grund, warum er dir all den Segen gibt, ist, dass du dein Leben genießen solltest. Er versorgt dich reichlich mit allem, was du brauchst, damit du dein Leben in ihm genießen kannst.

Elend ist nicht das Sinnbild der Weihe, wie manche es erscheinen lassen.

Von heute an wirst du aufhören, ein elender Christ in Jesu Namen zu sein. Du wirst anfangen, dein Leben zu genießen, wenn du dem Herrn dienst. Kein Elend und unnötiger Kummer mehr für dich. Gott möchte, dass du das Leben genießt. Verwechsle aber das Genießen des Lebens nicht mit dem Genießen sündigen Vergnügens. Du kannst dein Leben genießen, ohne Kompromisse mit der Sünde eingehen zu müssen. Du kannst Freude an allem haben, was du im Leben tust. So will Gott, dass du lebst.

Verkünde, was du bist

Vater, ich danke dir für das, was du über mich sagst. Ich glaube deinem Wort von ganzem Herzen und. mit ganzer Seele. Ich weigere mich zu glauben, was meine Umstände sagen. Ich weigere mich zu glauben, was die Leute sagen. Ich stehe auf dein Wort und gestehe daher, dass ich bin, was du sagst. Und ich bin, wer du sagst, ich bin.

Elend soll kein Teil meines Lebens sein, ich werde freudig und genussvoll leben, im Namen Jesu, Amen.

Nr. 49
Gott hat dir deinen Anteil zugewiesen
(Psalm 16,5-6)

„Der HERR ist mein Erb und Becherteil; du sicherst mir mein Los! Die Meßschnur ist mir in einer lieblichen Gegend gefallen, ja, es ward mir ein glänzendes Erbe zuteil."

Es bedeutet, dass Gott deinen Anteil an einem sicheren Ort für dich aufbewahrt hat. Das, was Gott für dich vorbereitet hat, gehört dir, und er hat es sicher gemacht. Es ist gut gesichert, aber du musst die Hand ausstrecken und es empfangen.

Schaue dich jetzt einfach die Liste an:

- Er hat dir deinen Anteil zugeteilt.
- Er hat dir deinen Becher zugeteilt.
- Er hat dein Los gesichert.
- Die Grenzlinien sind für dich an angenehmen Stellen gefallen.

- Sicherlich hast du ein entzückendes Erbe.

Wenn das Wort sicher verwendet wird, bedeutet dies, dass es absolut keine Möglichkeit gibt, dass es falsch ist, oder dass es fehlschlägt. Wenn Gott dir einen Becher gibt, lässt er ihn überlaufen. Als Gott dein Territorium aushöhlte, ließ er alles aus, was nicht angenehm ist, und nahm all die angenehmen Dinge in deinen Teil auf. Das sollte dich zum Jubeln und Schreien veranlassen. Dies sollte deine tägliche Verkündigung und Erklärung sein. Wenn du morgens aufstehst, danke dem Herrn für die angenehmen und erfreulichen Dinge, die dir begegnen werden. Danke ihm, dass das, was er für dich bestimmt hat, zu dir kommen wird, denn dein Los ist gesichert.

Verkünde, was du bist

Vater, ich danke dir für das, was du über mich sagst. Ich glaube deinem Wort von ganzem Herzen und. mit ganzer Seele. Ich weigere mich zu glauben, was meine Umstände sagen. Ich weigere mich zu glauben, was die Leute sagen. Ich stehe auf dein Wort und gestehe daher, dass ich bin, was du sagst. Und ich bin, wer du sagst, ich bin.

Ich danke dir, Herr, weil mein Erbe ein herrliches ist. Danke, dass meins ein angenehmes Land ist. Deshalb lehne ich ab und weigere mich, das anzunehmen, was nicht entzückend und angenehm ist, im Namen Jesu, Amen.

Nr. 50
Gott wird dich immer führen
(Psalm 32,8)

„Ich will dich unterweisen und dir den Weg zeigen, den du wandeln sollst; ich will dich beraten, mein Auge auf dich richtend."

Gott hat versprochen, dich zu unterweisen (zu leiten, zu lenken, zu führen, zu zeigen) und dich auf dem Weg zu lehren, den du gehen solltest. An jedem Entscheidungspunkt ist der Herr bereit, dir die beste Wahl zu sagen. Weil er alles weiß, kannst du seinem Rat vertrauen. Du musst täglich leben und erwarten, dass der Herr dich zu dem führt und leitet, was er für dich bestimmt hat. Ich mag die Art und Weise, wie die „Living Bible" (die *„Lebendige Bibel"*) diesen Vers formuliert:

Du kannst mit aller Gewissheit so leben, dass du immer vom Herrn geführt wirst, und dies umso mehr in Momenten, in denen du solche folgenreichen Entscheidungen treffen und solche

Alternative wählen musst, die dein Leben und sogar das Leben anderer in großem Maße beeinflussen werden. Deshalb musst du ihn suchen, damit du immer die beste Wahl treffen und das Beste im Leben erhalten kannst.

Verkünde, was du bist

Vater, ich danke dir für das, was du über mich sagst. Ich glaube deinem Wort von ganzem Herzen und. mit ganzer Seele. Ich weigere mich zu glauben, was meine Umstände sagen. Ich weigere mich zu glauben, was die Leute sagen. Ich stehe auf dein Wort und gestehe daher, dass ich bin, was du sagst. Und ich bin, wer du sagst, ich bin.

Ich danke dir für die Verfügbarkeit deiner Anleitung und Führung. Ich gebe mich deiner Führung und Leitung hin. Ermögliche mir, flexibel und formbar in deinen Händen zu sein, während ich täglich deiner Führung vertraue, im Namen Jesu, Amen.

Nr. 51
Gott lädt jeden Tag mit Wohltaten für dich auf
(Psalm 68,19 LB)

„Gelobet sei der HERR täglich. Gott legt uns eine Last auf; aber er hilft uns auch. (Sela.)"

Wenn du jeden Tag aufstehst, steh mit großer Erwartung auf, all die Wohltaten zu erhalten, die Gott in deinen Tag geladen hat. Wenn Gott deinen Tag vorbereitet, bevor der Tag kommt, lädt er ihn mit Segnungen für dich auf. Das Traurige ist, dass viele Menschen ihren Tag verbringen, aber diese Vorteile nicht genießen, weil sie oft an ihnen vorbeigehen, ohne sie zu betreten. Die Ursache für dieses Verhalten, ist Ignoranz und mangelnde Erwartung.

Erwarte jeden Tag großartige Dinge, denn Gott hat deinen Tag so gestaltet, dass er mit Vorteilen gefüllt ist. Jetzt, da du weißt, dass es jeden Tag Vorteile für dich gibt, lasse keinen Tag vergehen, an dem du nicht von diesen Vorteilen profitierst. Diejenigen, die du nicht erreichst, sind verloren, weil jeder neue

Tag neue Vorteile mit sich bringt, die sich von denen des Vortages unterscheiden.

Verkünde, was du bist

Vater, ich danke dir für das, was du über mich sagst. Ich glaube deinem Wort von ganzem Herzen und. mit ganzer Seele. Ich weigere mich zu glauben, was meine Umstände sagen. Ich weigere mich zu glauben, was die Leute sagen. Ich stehe auf dein Wort und gestehe daher, dass ich bin, was du sagst. Und ich bin, wer du sagst, ich bin.

Vielen Dank für die Vorteile von gestern die ich erwischt habe, und die ich nicht erwischt habe. Vielen Dank für die Vorteile von heute. Herr, ich bete, dass ich jeden erreiche, den du für mich ordiniert hast. Ich weigere mich, an ihnen vorbeizugehen. Ich bekenne, dass ich jeden von ihnen empfangen und in sie eintreten werde, in Jesu Namen, Amen.

Nr. 52

Deine vergangenen Sünden wurden weit von dir getrennt
(Psalm 103,12)

„So ferne der Morgen ist vom Abend, läßt er unsre Übertretungen von uns sein."

Grübelst du immer noch über deinen vergangenen Sünden nach? Gibt es Sünden, die dir so nahe zu sein scheinen, dass du keinen Moment leben kannst, ohne ihre Nähe zu spüren? Ich möchte dir sagen, dass diese Nähe nur eingebildet ist. Als der Herr dir deine Sünden vergeben hat, hat er sie von dir getrennt, so weit wie der Osten vom Westen entfernt ist. Nun, wenn du diese Entfernung messen könntest, würdest du wissen, wie weit diese Sünden von dir entfernt sind.

Wenn der Herr hier Osten und Westen verwendet, bezieht er sich auf das östliche und westliche Ende des Universums. Wie groß ist diese Distanz. Der Mensch hat noch nicht entdeckt, wo der Osten des Universums liegt, noch haben sie gemessen, wo der Westen beginnt. Wisse also von heute an, dass deine Sünden nicht in deiner Nähe sind. Wenn dir eine vergangene Sünde in den Sinn kommt, befehle dem Dämon, der sie vortäuscht, sein Eigentum wegzutragen.

Der Osten hat keinen Kontakt zum Westen. Kannst du den Osten des Universums vom Westen abschätzen? So weit hatte Gott deine Sünden effektiv von dir getrennt. Nicht nur deine Vergangenheit, sondern auch die Sünden, die du jemals begehst, werden von dir getrennt, wenn du sie aufrichtig bereust. Irgendwo im Buch wird über deinen Gott gesagt: *„Wo ist solch ein Gott, wie du bist, der die Sünde vergibt und erläßt die Missetat den übrigen seines Erbteils, der seinen Zorn nicht ewiglich behält! denn er ist barmherzig. Er wird sich unser wieder erbarmen, unsere Missetaten dämpfen und alle unsre Sünden in die Tiefen des Meeres werfen."* (Micha 7,18-19). Er trennt deine Sünden von dir, nicht nur, soweit das Osten vom Westen entfernt ist, sondern wirft sie auch in das Meer des Vergessens, wo er sich an sie nicht mehr erinnert.

Verkünde, was du bist

Vater, ich danke dir für das, was du über mich sagst. Ich glaube deinem Wort von ganzem Herzen und. mit ganzer Seele. Ich weigere mich zu glauben, was meine Umstände sagen. Ich weigere mich zu glauben, was die Leute sagen.

Ich stehe auf dein Wort und gestehe daher, dass ich bin, was du sagst. Und ich bin, wer du sagst, ich bin.

Danke, dass du mich von meinen Sünden getrennt hast. Ich trage sie nicht mehr und werde sie auch nicht mehr tragen, im Namen Jesu, Amen.

Nr. 53

Gott wird dich vor allem Schaden bewahren

(Psalm 121,7; Sprüche 12,21)

„Der HERR behüte dich vor allem Übel, er behüte deine Seele."

„Es wird dem Gerechten kein Leid geschehen; aber die Gottlosen werden voll Unglück sein."

Lebe dein Leben nicht in ständiger Anspannung der Möglichkeit, dass Schaden auf dich zukommt. Du weißt, dass Gott in seinem Wort sagt, dass er deinen Fuß nicht rutschen lassen wird. Er sagt, er wird dich vor allen Fallen und Fallstricken des Feindes retten. Und die Wahrheit ist, dass der Feind täglich Tausende von Fallen stellt. Ich bin mir ziemlich sicher, dass er sich täglich darüber wundert, dass wir nicht in solche Fallen geraten. Unser himmlischer Vater schützt uns. Wo es Gefahr im hereinbrechenden Tageslicht oder in der Dunkelheit der Nacht gibt, hat er verheißen, dass uns niemand berühren wird. Der Herr wacht über dein Leben und wird dich vor allem Schaden bewahren.

Wenn um dich herum scheinbar schlimme Dinge passieren, musst du erklären, dass sie keinen Schaden anrichten, weil dein Vater versprochen hat, dass den Gerechten kein Schaden widerfahren wird. Er sagt: *„Ob tausend fallen zu deiner Seite und zehntausend zu deiner Rechten, so wird es doch dich nicht treffen."* (Psalm 91,7). Lebe in dem Bewusstsein, dass dein Vater dich unschädlich gemacht hat!

Verkünde, was du bist

Vater, danke ich dir für das, was du über mich sagst. Ich glaube deinem Wort von ganzem Herzen und. mit ganzer Seele. Ich weigere mich zu glauben, was meine Umstände sagen. Ich weigere mich zu glauben, was die Leute sagen. Ich stehe auf dein Wort und gestehe daher, dass ich bin, was du sagst. Und ich bin, wer du sagst, ich bin.

Vater, von heute an lehne ich es ab, über die Möglichkeit mir Sorgen zu machen, dass mir Schaden zugefügt wird. Ich werde leben, um deiner Führung zu folgen und sicher zu sein, dass mir niemals Schaden zugefügt wird, weil du es so bestimmt hast, im Namen Jesu, Amen.

Nr. 54
Gott kannte dich, bevor du geboren wurdest
(Psalm 139,15-16; Jeremia 1,5)

„Mein Gebein war dir nicht verhohlen, da ich im Verborgenen gemacht ward, gewirkt tief unten auf Erden. Deine Augen sahen mich, als ich noch unentwickelt war, und es waren alle Tage in dein Buch geschrieben, die noch werden sollten, als derselben noch keiner war."

„Ehe denn ich dich im Mutterleibe bildete, kannte ich dich, und bevor du aus dem Mutterschoße hervorgingst, habe ich dich geheiligt und dich den Völkern zum Propheten gegeben!"

Bevor du jemals geboren wurdest, hat Gott dich im Voraus erkannt. Er wusste, wie du im Alter von 75 Jahren aussehen wirst. Du musst dich ihm nicht vorstellen. Bevor die Samenzelle deines Vaters mit der Eizelle deiner Mutter in Kontakt kam, bestimmte Gott, welche Samenzelle dieses Ei befruchten würde. Und in diesem Rennen bevorzugte er die Samenzelle, die dich bildete aus den Millionen anderer Samenzellen. Er hat dafür gesorgt, dass der Entwicklungsprozess bis zu deiner Geburt richtig verlaufen ist.

Er kannte die Art von Haaren, die du haben wirst, und er bestimmte für dich, was du in dieser Welt werden musst. Sein Vorherwissen veranlasste ihn, angemessene Vorbereitungen für dein Leben hier auf Erden zu treffen. Mit diesem Wissen ist das Beste, was du für dich selbst tun könntest, in völliger Transparenz vor Gott zu leben. Du wurdest schon vor deiner Geburt zu Größe ordiniert. Gott hat dich nicht nur gekannt, sondern er hat alles in Bezug auf dich bestimmt. Es ist deine Aufgabe, diese Dinge zu entdecken und in jedes der großartigen Dinge hineinzugehen, die Gott für dich bereithält.

Verkünde, was du bist

Vater, ich danke dir für das, was du über mich sagst. Ich glaube deinem Wort von ganzem Herzen und. mit ganzer Seele. Ich weigere mich zu glauben, was meine Umstände sagen. Ich weigere mich zu glauben, was die Leute sagen. Ich stehe auf dein Wort und gestehe daher, dass ich bin, was du sagst. Und ich bin, wer du sagst, ich bin.

Ich bin froh, dass du mich kanntest und dass du meine Gegenwart und meine Zukunft, meine Stärken und Schwächen kennst. Hilf mir, in absoluter Ehrlichkeit und Transparenz vor dir zu leben, im Namen Jesu, Amen.

Nr. 55
Du bist Gottes besonderes Werk
(Psalm 139,13-14)

„Denn du hast meine Nieren geschaffen, du wobest mich in meiner Mutter Schoß. Ich danke dir, daß du mich wunderbar gemacht hast; wunderbar sind deine Werke, und meine Seele erkennt das wohl!"

Der Vater hat sich Zeit genommen, deine Teile zusammenzuschweißen. Er hat jeden Teil von dir an seinem richtigen Platz angeordnet. Und als er dies getan hatte, erkannte er das Wunder dessen an, was er geschaffen hatte, bevor er entschied, wann er dich durch den Leib deiner Mutter zum Aufprall auf den Planeten Erde schicken sollte. Das Wunder und die Komplexität, die in dir sind, verblüffen weiterhin Wissenschaftler, die sich die Mühe machen, Menschen zu studieren. Weißt du, Gott ist ein Meistertöpfer. Als er dich geschaffen hat, wenn du nicht das gewesen wärest, was er wollte, hätte er dich neu geformt. Du bist kein Fehler, du bist Gottes Meisterwerk.

Wenn du dich das nächste Mal hässlich und minderwertig fühlst, erinnere dich daran, dass du ein Meisterwerk Gottes bist. In der Tat bist du das und wirst es immer sein. Gott sieht keinen Fehler in dir. Du bist ein vollkommenes Werk Gottes. Schau dich selbst im Spiegel an und schreie, dass du wunderbar gemacht bist. Sage dir selbst, dass du Gottes Meisterwerk bist. Lass dich von niemandem täuschen, indem du sagst, dass du hässlich bist. Sage der ganzen Schöpfung, dass du schön bist, denn das ist, was Gott über dich sagt. Verweigere zu glauben und lehne die Lügen des Feindes ab in dem, was Menschen negativ über dich gesagt haben.

Verkünde, was du bist

Vater, ich danke dir für das, was du über mich sagst. Ich glaube deinem Wort von ganzem Herzen und. mit ganzer Seele. Ich weigere mich zu glauben, was meine Umstände sagen. Ich weigere mich zu glauben, was die Leute sagen. Ich stehe auf dein Wort und gestehe daher, dass ich bin, was du sagst. Und ich bin, wer du sagst, ich bin.

Ich danke dir, Herr, weil ich dein Werk bin. Ich bin ein Meisterwerk von dir, geschaffen für Schönheit und Herrlichkeit, im Namen Jesu, Amen.

Nr. 56
Gottes Gedanken über dich sind zahlreich und kostbar
(Psalm 139,17-18)

"Und wie teuer sind mir, o Gott, deine Gedanken! Wie groß ist ihre Summe! Wollte ich sie zählen, so würde ihrer mehr sein als der Sand. Wenn ich erwache, so bin ich noch bei dir!"

Was du über jemanden denkst, bestimmt deine Einstellung zu dieser Person und folglich werden deine Handlungen deinen Gedanken folgen. Der Rand dieses Verses lautet: *"Wie kostbar sind deine Gedanken in Bezug auf mich..."*

Der Herr hat nur gute und kostbare Gedanken über dich. Tatsächlich kann es sein, dass du, wenn du drei Leben lang leben müsstest, vielleicht immer noch nicht in der Lage wärest, all die guten Dinge auszuleben, die er über dich denkt. Wenn der Teufel dir zuflüstert, dass Gott dich nicht liebt, lies ihm die obigen Verse laut vor. Und lass ihn wissen, dass du die Gedanken deines Vaters über dich kennst.

Es ist ein Privileg, dass der König des Universums an dich denkt - nicht nur ab und zu, sondern die ganze Zeit. Seine Gedanken über dich sind so weitreichend, dass du eine Ewigkeit brauchen wirst, um sie zu begreifen. Sei entspannt und sicher, dass die Gedanken deines Vaters über dich nicht nur weitreichend, sondern auch wertvoll sind. Es gibt keinen Moment, in dem du nicht in seinen Gedanken bist.

Verkünde, was du bist

Vater, ich danke dir für das, was sagst du über mich. Ich glaube deinem Wort von ganzem Herzen und. mit ganzer Seele. Ich weigere mich zu glauben, was meine Umstände sagen. Ich weigere mich zu glauben, was die Leute sagen. Ich stehe auf dein Wort und gestehe daher, dass ich bin, was du sagst. Und ich bin, wer du sagst, ich bin.

Ich liebe deine Gedanken über mich, Ich bin froh, dass sie gut und kostbar und groß sind. Ich werde mich entspannen und zuversichtlich sein, dass deine guten Gedanken für mich wertvoll sind, im Namen Jesu, Amen.

Nr. 57
Gott hat gute Pläne für dich
(Jeremia 29,11)

„Denn ich weiß, was für Gedanken ich über euch habe, spricht der HERR, Gedanken des Friedens und nicht des Leides, euch eine Zukunft und eine Hoffnung zu geben."

Die Gedanken Gottes über dich sind nicht nur irgendwelche eitlen und unbegründeten Gedanken. Es sind Gedanken, die an seine Pläne für dein Leben gebunden sind. Ich möchte, dass du hier beachtest, dass das Wort „Plan" hier im Plural steht. Das ist so, weil Gott nicht nur einen Plan für dich hat, sondern mehrere Pläne, die in Übereinstimmung mit seiner unendlichen Weisheit angepasst werden können. Wenn du also denkst, dass du einen Teil deines Lebensplans verpasst hast, mach dir keine Sorgen: es gibt viele solcher Pläne, die er immer noch für dich in Übereinstimmung mit seiner Liebe und seinen guten Gedanken zu dir entfalten wird.

Wenn du denkst, dass du einen wichtigen Aspekt des Plans des Herrn für dein Leben verpasst hast, vertraue darauf, dass er immer noch das Beste aus deiner aktuellen Situation herausholt. Bei Gott ist nichts unmöglich. Er kennt das Ende von Anfang an, also es gibt für ihn nichts Neues.

Verkünde, was du bist

Vater, ich danke dir für das, was du über mich sagst. Ich glaube deinem Wort von ganzem Herzen und. mit ganzer Seele. Ich weigere mich zu glauben, was meine Umstände sagen. Ich weigere mich zu glauben, was die Leute sagen. Ich stehe auf dein Wort und gestehe daher, dass ich bin, was du sagst. Und ich bin, wer du sagst, ich bin.

Ich weiß, dass deine Pläne für mein Leben Bestand haben und nicht vereitelt werden. Ich glaube, du wirst mir bei allem, was ich tue, zum Erfolg verhelfen, und in dir sind meine Hoffnung und meine Zukunft gesichert, im Namen Jesu, Amen.

Nr. 58

Gott wird dich niemals loslassen noch verlassen
bis du dein Schicksal erfüllst

(1. Buch Mose 28,15; 1. Chronik 28,20)

„Und siehe: Ich bin mit dir, und ich will dich behüten allenthalben, wo du hinziehst, und dich wieder in dieses Land bringen. Denn ich will dich nicht verlassen, bis ich getan, was ich dir gesagt habe."

„Und David sprach zu seinem Sohne Salomo: Sei stark und fest und führe es aus! Fürchte dich nicht und erschrick nicht! Denn der HERR, Gott, mein Gott, ist mit dir und wird dich nicht loslassen noch dich verlassen, bis du alle Werke für den Dienst am Hause des HERRN vollendet hast."

Als der Herr Jakob traf, als er nach Aram floh, sagte Gott ihm, dass er ihn niemals verlassen würde, bis er ihn an den Ort der Verheißung brachte. Der Ort von Gottes

Verheißung für dich ist dein Schicksal. Über ein Jahrzehnt lang habe ich ununterbrochen erklärt, dass ich unsterblich bin, bis ich Gottes Absicht für mein Leben erfüllt habe.

Wenn du das weißt, wird dich die Angst vor dem Tod verlassen. Es ist dasselbe, was David seinem Sohn Salomo sagte, als er dabei war, den Thron Israels zu übernehmen. Die Wahrheit ist, dass Gott noch nicht mit dir fertig ist, weil du noch nicht fertig bist mit seinem Werk - das heißt, wofür er dich erschaffen hat. Gott wird dich niemals im Stich lassen oder dich verlassen. Er wacht ständig über dich, um zu sehen, wie sich sein Plan in deinem Leben erfüllt.

Verkünde, was du bist

Vater, ich danke dir für das, was du über mich sagst. Ich glaube deinem Wort von ganzem Herzen und. mit ganzer Seele. Ich weigere mich zu glauben, was meine Umstände sagen. Ich weigere mich zu glauben, was die Leute sagen. Ich stehe auf dein Wort und gestehe daher, dass ich bin, was du sagst. Und ich bin, wer du sagst, ich bin.

Danke für die Zusicherung deiner Anwesenheit bei mir. Danke, weil du mich niemals verlassen oder mich verlassen wirst. Ich werde stark sein und die Arbeit tun, die du mir gegeben hast, in dem Wissen, dass du bei allem dabei bist, im Namen Jesu, Amen.

Nr. 59
Keine gegen dich gebildete Waffe wird gedeihen
(Jesaja 54,17)

„Keiner Waffe, die wider dich geschmiedet ist, wird es gelingen; und alle Zungen, die sich wider dich vor Gericht erheben, wirst du Lügen strafen. Das ist das Erbteil der Knechte des HERRN und ihre Gerechtigkeit, die ihnen von mir zuteil wird, spricht der HERR."

Wenn eine Waffe geformt wird, wird sie speziell entworfen und für einen bestimmten Zweck bestimmt. Jetzt hat der Feind mehrere solcher Waffen, die er gegen Kinder Gottes entworfen hat. Aber der Herr hat gesagt, dass solche Waffen gegen dich nicht gedeihen werden. Das Wort „gedeihen" bedeutet hier, sich durchzusetzen. Das heißt, dass keine Waffe, die der Feind gegen dich entworfen hat, wird ihren Zweck erfüllen. Er kann sie gegen dich einsetzen, wenn er will; sie können sogar zu dir gelangen, wenn Gott es zulässt, aber das Endergebnis ist, dass solche Waffen niemals aus irgendeinem Grund gegen dich siegen werden. Gott wird die schädlichen Wirkungen solcher Waffen zu deinen Gunsten verändern, wenn er es den Waffen erlaubt, zu dir zu gelangen. Ab heute solltest du wissen, dass du gegen alle Waffen des Feindes immun bist. Sie auf dich zu schießen, ist wie eine Spielzeugpistole gegen ein gepanzertes Fahrzeug auf dem Schlachtfeld einzusetzen. Gott hat dich gegen alle von Satan hergestellten Waffen resistent gemacht.

Verkünde, was du bist

Vater, ich danke dir für das, was du über mich sagst. ich glaube e Dein Wort von ganzem Herzen und. mit ganzer Seele. Ich weigere mich zu glauben, was meine Umstände sagen. Ich weigere mich zu glauben, was die Leute sagen. Ich stehe auf dein Wort und bekenne daher, dass ich bin, was du sagst. Und ich bin, wer du sagst, ich bin.

Ich werde täglich meine ganze Rüstung Gottes anlegen, wissend, dass ich mich in einem Krieg befinde, den ich bereits gewonnen habe. Danke Gott, denn mit meiner Rüstung sind alle Waffen des Feindes dazu bestimmt, zu versagen, im Namen Jesu, Amen.

Nr. 60
Keine Hexerei kann gegen dich arbeiten
(4. Buch Mose 23,23)

„So hilft denn keine Zauberei gegen Jakob und keine Wahrsagerei wider Israel. Zu seiner Zeit wird man von Jakob sagen: Was hat Gott getan!"

Wir leben in einer Gesellschaft, in der Hexerei auf dem Vormarsch ist. Damals waren es alte Mütter und Väter, die Hexen und Zauberer waren, aber heute sind es die jungen schönen Mädchen und Jungen, die Menschen in der Gesellschaft angreifen. Tatsächlich sind die alten Männer jetzt sehr unsicher und hilflos in den Händen dieser neuen Generation von Hexen. Alles, was man tun muss, um von ihnen angegriffen zu werden, ist, unwissend zu sein, und sie werden sich mit dir befassen, bevor du zur Besinnung kommst.

Tatsächlich sind die Ungläubigen hilflos, aber für euch, die Kinder Gottes sind, werden euch all ihre Pläne und Mittel niemals etwas tun, weil Gott gesagt hat, dass es keine Hexerei,

Zauberei, oder Weissagung gegen Israel gibt, und wir sind das Israel Gottes. Wenn du dich also das nächste Mal von Hexerei bedroht fühlst, erkläre den obigen Vers. Es sind Angst und Panik, die dem Teufel Tür und Tor öffnen. Wenn er dich in Panik versetzt, hat er Zugang zu dir. Aber wenn du weißt, dass seine Agenten dir nichts anhaben können, wirst du auch in der Hexenstadt deinen Mut bewahren und unbeschadet davonkommen. Also, hör ab heute auf, vor dem Onkel oder der Tante oder dem Nachbarn davonzulaufen, den du für eine Hexe oder einen Zauberer hältst. Sie sollten vor dir weglaufen.

Verkünde, was du bist

Vater, ich danke dir für das, was du über mich sagst. Ich glaube deinem Wort von ganzem Herzen und. mit ganzer Seele. Ich weigere mich zu glauben, was meine Umstände sagen. Ich weigere mich zu glauben, was die Leute sagen. Ich stehe auf dein Wort und bekenne daher, dass ich bin, was du sagst. Und ich bin, wer du sagst, ich bin.

Ich bin von den Plänen der Hexen und Zauberer unberührbar, weil mein Leben mit Christus in Gott verborgen ist. Wenn ich erscheine, werden Hexen und Zauberer in die Flucht geschlagen. Ihr Gemurmel, Beschwörungen und Zaubersprüche werden nichts gegen mich anhaben, im Namen Jesu, Amen.

Nr. 61
Alle, die dich angreifen, werden sich dir ergeben
(Jesaja 54,15; Jesaja 41,11)

„Siehe, sie mögen sich wohl zusammenrotten; aber es kommt nicht von mir. Wer sich aber wider dich rottet, der wird an dir zu Fall kommen."

„Siehe, zuschanden und zu Spott werden alle, die wider dich zürnten; es werden zunichte und kommen um die Männer, die mit dir zankten."

Das ist es, was der Herr für dich bestimmt hat, dass diejenigen, die gegen dich wüten, beschämt und entehrt werden. Er hat verfügt, dass diejenigen, die sich dir widersetzen, wie nichts sein und zugrunde gehen werden. Er hat auch verfügt, dass diejenigen, die dich angreifen, sich dir ergeben werden. Weißt du, der Teufel weiß das sehr gut, deshalb benutzen er und seine Dämonen nur unwissende menschliche Agenten, um die Heiligen anzugreifen, so dass viele von ihnen zu nichts reduziert werden.

Satan hasst es, sich zu ergeben, also kommt er nie selbst. Wenn du dies weißt und der Feind weiß, dass du es weißt, wird er sich von dir fernhalten und zulassen, dass seine unwissenden Agenten die Auswirkungen erleiden. Das hat Gott über dich bestimmt.

Verkünde, was du bist

Vater, ich danke dir für das, was du über mich sagst. Ich glaube deinem Wort von ganzem Herzen und. mit ganzer Seele. Ich weigere mich zu glauben, was meine Umstände sagen. Ich weigere mich zu glauben, was die Leute sagen. Ich stehe auf dein Wort und bekenne daher, dass ich bin, was du sagst. Und ich bin, wer du sagst, ich bin.

Danke Herr für meine Unbesiegbarkeit in dir. Das, was du über mich verfügt hast, ist das, was ich zu glauben wähle. Ob es Krankheit oder etwas Ähnliches ist, das es wagt, mich anzugreifen, es wird sich mir im Namen Jesu ergeben, Amen.

Nr. 62
Gott wird Menschen geben im Austausch für dich
(Jesaja 43,4)

„Darum, weil du teuer bist in meinen Augen, wertgeachtet und ich dich lieb habe, so gebe ich Menschen für dich hin und Völker für deine Seele."

Du bist in den Augen des Herrn zu kostbar, um vom Bösen zum Opfer zu fallen. Gott wird lieber tausend Ungläubige an deiner Stelle geben, als zuzulassen, dass du Opfer des Feindes wirst. Er tat es für die hebräischen Jungen in Babylon, er tat es für Daniel im persischen Königreich, er tat es für Petrus, als Herodes versuchte, ihn hinzurichten.

Und die Wahrheit ist, dass Gott es auch heute noch auf der ganzen Welt tut, um seine Kinder vor feindlichen Angriffen zu retten. Gott wird es jederzeit für dich tun. Du bist ein kostbares Juwel für Gott und er wird im Gegenzug Männer geben, um dich zu retten, wenn das passieren muss. Beginne also von heute an, dein Leben in Zuversicht zu leben, frei von jeglicher Angst.

Verkünde, was du bist

Vater, ich danke dir für das, was du über mich sagst. Ich glaube deinem Wort von ganzem Herzen und. mit ganzer Seele. Ich weigere mich zu glauben, was meine Umstände sagen. Ich weigere mich zu glauben, was die Leute sagen. Ich stehe auf dein Wort und bekenne daher, dass ich bin, was du sagst. Und ich bin, wer du sagst, ich bin.

Ich weigere mich, in irgendeiner Art von Angst zu leben, weil ich in deinen Augen kostbar bin, o Herr. Danke, weil du jederzeit und überall Männer für mich eintauschen wirst. Ich werde ohne Angst vor dem Tod oder irgendeiner Art von Schaden leben, in Jesu Namen, Amen.

Nr. 63
Gott wird deine rauen Stellen glatt machen
(Jesaja 42,16)

„Ich will die Blinden auf einer Straße führen, welche sie nicht kennen, und auf Pfaden leiten, die ihnen unbekannt sind; ich werde die Finsternis vor ihnen zum Licht und das Höckrichte zur Ebene machen. Diese Worte werde ich erfüllen und nicht davon lassen."

Auf dem Weg zu deinem Schicksal liegen Hügel, Berge und mehrere raue Orte. Der Herr hat versprochen, dir vorauszugehen und diese rauen Stellen glatt zu machen. Ohne dies gibt es für dich keine Möglichkeit, es zum Land deiner Berufung zu schaffen. Fürchte dich nicht vor den Hindernissen, die auf deinem Weg liegen, wenn du auf dem Weg bist, das zu tun, was Gott für dich bestimmt hat. Es liegt in seiner Verantwortung, sich um die Straßensperren, Hügel und Berge zu kümmern, die deinen Weg versperren.

Stelle dich also ab heute jeder Schwierigkeit mit dem Wissen, dass der Herr die Berge ebnen und alle rauen Stellen für dich ebnen wird. Diejenigen Dingen, die er zulässt, tut er, um dich bestimmte Dinge zu lehren. Wenn du alles gelernt haben müsstest, was er wollte, dann wird auch das Hindernis beseitigt sein. Jedes Mal, wenn du auf deinem Weg mit Gott auf Hügel, Berge oder unwegsame Orte stößt, berufen dich auf dieses Versprechen von ihm zu deinen Gunsten. Gott antwortet auf sein Wort, wenn es durch Glauben angeeignet wird.

Verkünde, was du bist

Vater, ich danke dir für das, was du über mich sagst. Ich glaube deinem Wort von ganzem Herzen und. mit ganzer Seele. Ich weigere mich zu glauben, was meine Umstände sagen. Ich weigere mich zu glauben, was die Leute sagen. Ich stehe auf dein Wort und bekenne daher, dass ich bin, was du sagst. Und ich bin, wer du sagst, ich bin.

Ich werde mich dem Leben stellen und mit dir gehen in der Gewissheit, dass du mir immer vorausgehen wirst, um dich um die Hindernisse zu kümmern. Ich werde dir folgen, wohin du auch führst, gehen, wohin du mich schickst, in dem Wissen, dass du jedes Hindernis auf meinem Weg kennst und unter Kontrolle hast, im Namen Jesu, Amen.

Nr. 64
Er wird dir die Schätze der Dunkelheit geben
(Jesaja 45,2-3)

„Ich will vor dir herziehen und das Erhabene erniedrigen; ich will eherne Türen zerbrechen und eiserne Riegel zerschlagen und will dir verborgene Schätze geben und versteckte Reichtümer, damit du erkennest, daß Ich, der HERR, es bin, der dich bei deinem Namen gerufen hat, der Gott Israels."

Als der Mensch vom Teufel getäuscht wurde und der Teufel Macht über die Erde erlangte, erwartete er, dass der Mensch eines Tages versuchen würde, all seine Reichtümer zurückzugewinnen, und was Satan tat, war, dass er schnell die Schätze der Erde sammelte und sie in der Dunkelheit versteckte, sodass der Mensch keinen Zugang mehr zu diesen Reichtümern und verborgenen Schätzen haben würde. Da für Gott jedoch keine Dunkelheit zu dunkel ist, kann er diese

Schätze befehlen, zu dir zu kommen. Tatsächlich gibt er sie denen, die ihm gefallen und seinem Zweck dienen.

Dieses Versprechen galt ursprünglich Cyrus, der den Tempel wiederaufbauen sollte. Aber du und ich sind auch am Wiederaufbau nicht nur des Tempels, sondern auch seines Reiches beteiligt. Viele Propheten von heute haben über die bald bevorstehende Vermögensübertragung gesprochen, bei der die Reichtümer der Heiden auf die Heiligen übertragen werden. Das, was dein ist, was der Feind in der Dunkelheit verborgen hat, wird dir gegeben werden. Es ist an der Zeit, den Herrn um diese Schätze der Dunkelheit zu bitten. Sie gehörten dir, wurden aber vom Dieb gestohlen. Er wurde gefangen; es ist an der Zeit, dass er zurückgibt, was er gestohlen hat.

Verkünde, was du bist

Vater, ich danke dir für das, was du über mich sagst. Ich glaube deinem Wort von ganzem Herzen und. mit ganzer Seele. Ich weigere mich zu glauben, was meine Umstände sagen. Ich weigere mich zu glauben, was die Leute sagen. Ich stehe auf dein Wort und bekenne daher, dass ich bin, was du sagst. Und ich bin, wer du sagst, ich bin.

Danke, denn das, was mir gehört und in der Dunkelheit verborgen ist, kommt zu mir, im Namen Jesu, Amen.

Nr. 65
Nichts kann die Pläne Gottes für dich durchkreuzen
(Jesaja 14,24 und 27)

„Der HERR der Heerscharen hat also geschworen: Fürwahr, es soll gehen, wie ich es mir vorgenommen, und soll bestehen, wie ich beschlossen habe: Denn der HERR der Heerscharen hat es beschlossen, wer will es vereiteln? Seine Hand ist ausgestreckt; wer will sie abwenden?"

Wir haben bereits gesagt, dass Gott gute Pläne für dich hat, in Übereinstimmung mit seinem ewigen Vorsatz für das ganze Universum. Es gibt auch jemanden, der Pläne für dich gemacht hat; jemand, der plant, dich zu ruinieren und Gottes Absicht für dein Leben zu vereiteln. Der Teufel arbeitet unermüdlich daran, dass viele Menschen ihr Schicksal verlieren oder verpassen. Aber für dich, der ein Kind Gottes geworden bist, werden alle seine Versuche null und nichtig gemacht. Stehe täglich auf und nutze deine Autorität, um alle Pläne des Bösen gegen dich zu vereiteln und zunichte zu machen. Dadurch stellst du sicher, dass Gottes Pläne für dein Leben in Erfüllung gehen.

Nichts, absolut nichts kann das vereiteln, was Gott in seiner Souveränität und Allwissenheit für dich geplant hat. Ist es für dein Familienleben, deine Finanzen, deinen Job, dein spirituelles Leben? Solange du nach den Regeln lebst, die im Wort Gottes vorgeschrieben sind, kannst du sicher sein, dass nichts im Himmel, auf der Erde oder in den tiefsten Winkeln der Hölle Gottes Absicht für dein Leben vereiteln wird. Danke Gott täglich dafür, dass sein Wille für dein Leben erfüllt wird. Danke ihm für die Tatsache, dass nichts kann seine Absichten für dein Leben vereiteln.

Verkünde, was du bist

Vater, ich danke dir für das, was du über mich sagst. Ich glaube deinem Wort von ganzem Herzen und. mit ganzer Seele. Ich weigere mich zu glauben, was meine Umstände sagen. Ich weigere mich zu glauben, was die Leute sagen. Ich stehe auf dein Wort und bekenne daher, dass ich bin, was du sagst. Und ich bin, wer du sagst, ich bin.

Danke, denn deine Absichten für mich werden sich erfüllen. Die ganze Hölle, die losgelassen wird, wird nichts daran hindern, weil du wie ein mächtiger Krieger bei mir bist und über jeden deiner Pläne wachst, bis alles vollendet ist, im Namen Jesu, Amen.

Nr. 66
Es ist deine Saison zu glänzen
(Jesaja 60,1; Philipper 2,15)

„Mache dich auf, werde Licht! Denn dein Licht kommt, und die Herrlichkeit des HERRN erglänzt über dir!"

„Damit ihr unsträflich seid und lauter, untadelige Gotteskinder, mitten unter einem verdrehten und verkehrten Geschlecht, unter welchem ihr scheinet als Lichter in der Welt."

Der Herr befiehlt dir, dich jetzt zu erheben und zu leuchten wie das Licht, das er aus dir gemacht hat. Es ist deine Zeit, im Dienst zu glänzen, es ist deine Zeit, in deinen Studien zu glänzen, es ist deine Zeit, in deinem Geschäft zu glänzen. Die Dunkelheit ist für dich vorbei! Es ist deine Zeit, im Rampenlicht zu stehen. Der Herr sagt, dass seine Herrlichkeit über dir aufgeht, damit die ganze Erde sie sehen kann. Du sollst strahlen wie ein Star. Sterne leuchten am hellsten in der dunklen Nacht. Die Dunkelheit, die um dich herum zunimmt, gibt dir nur die Gelegenheit, heller und weiter zu strahlen.

Wir befinden uns in der Zeit der Herrlichkeit Gottes, die über seiner Gemeinde aufgeht. Und diejenigen von uns auf Zion sollen mit der Herrlichkeit leuchten, die über uns aufgeht. Es ist an der Zeit, dass die Dunkelheit vor dem Licht der Gegenwart Gottes flieht, das auf uns reflektiert wird. Verbinde dich mit der Quelle der Herrlichkeit, damit auch du strahlen kannst. Sei ein Reflektor der Herrlichkeit in jeden Bereich der Dunkelheit, der dich umgibt. Glänze in deiner Rede, deinen Taten und in allem, was dich betrifft. Es ist deine Saison zu glänzen. Gott führt dich aus dem Hinterhof der Wüste an die Vorderlinie der Berühmtheit. Er führt dich aus der Dunkelheit ins Rampenlicht, von der Bauernschaft zum Königshaus. Erkläre und verfüge, dass jetzt ist deine Jahreszeit zu glänzen.

Verkünde, was du bist

Vater, ich danke dir für das, was du über mich sagst. Ich glaube deinem Wort von ganzem Herzen und. mit ganzer Seele. Ich weigere mich zu glauben, was meine Umstände sagen. Ich weigere mich zu glauben, was die Leute sagen. Ich stehe auf dein Wort und bekenne daher, dass ich bin, was du sagst. Und ich bin, wer du sagst, ich bin. Ich erkläre in Übereinstimmung mit deinem Wort, dass ich leuchte. Deine Herrlichkeit liegt auf meinem Leben und spiegelt sich überall wider, wohin ich gehe. Ich wurde gemacht, um wie die Sterne zu strahlen. Nichts kann mehr meinen Stern bedecken.

Dekretiere jetzt: „Oh Stern von ... (füge deinen Namen ein) strahle ungehindert. Die Herrlichkeit des Herrn ist auf dir."

Nr. 67
Du bist eine befestigte Stadt
(Jeremia 1,18; Jeremia 15,20)

„Siehe, ich mache dich heute zu einer festen Stadt und zu einer eisernen Säule und zu einer ehernen Mauer wider das ganze Land, wider die Könige von Juda, wider ihre Fürsten, wider ihre Priester und wider das Volk des Landes."

„Und ich will dich diesem Volke gegenüber zur festen, ehernen Mauer machen, daß, wenn sie wider dich streiten, sie dich nicht zu überwältigen vermögen; denn ich bin bei dir, um dich zu retten und zu befreien, spricht der HERR."

Ich war von Meeresgeistern und ihren menschlichen Agenten ernsthaft bedroht worden, weil ich einige ihrer Agenten befreit hatte. Als ich über das Wort Gottes nachdachte, gab er mir plötzlich diese Offenbarung, die all meine Ängste beendete. Tatsächlich kamen sie am Tag zuvor zu mir und sagten: *„Lass uns in Ruhe und wir werden dich in Ruhe* *lassen"*. Am nächsten Morgen führte mich der Herr dazu, über die obigen Verse zu meditieren, und das löste das Problem ein für alle Mal. Ich verkündete es ohne jeden Zweifel auf der Kanzel, während ich am folgenden Sonntagmorgen predigte.

Siehe da, Gott hat dich zu einer befestigten Stadt aus Erz gemacht. Das bedeutet, dass der Feind nicht in dich eindringen kann, wenn du ihm die Tore nicht öffnest. Halte deine Tore geschlossen und egal welche Belagerungsrampe er draußen baut, deine Mauern werden stehen bleiben, nachdem all seine Materialien für die Belagerungsarbeiten erschöpft sind. Sie können angreifen, aber sie sind zur Niederlage verurteilt. Nicht du hast dich zu einer befestigten Stadt gemacht, sondern Gott hat dich dazu gemacht.

Verkünde, was du bist

Vater, ich danke dir für das, was du über mich sagst. Ich glaube deinem Wort von ganzem Herzen und. mit ganzer Seele. Ich weigere mich zu glauben, was meine Umstände sagen. Ich weigere mich zu glauben, was die Leute sagen. Ich stehe auf dein Wort und bekenne daher, dass ich bin, was du sagst. Und ich bin, wer du sagst, ich bin.

Herr, ich werde meine Mauer intakt halten und keine Brücke in der Mauer zulassen. Ich werde meine Tore geschlossen halten und den Feind dauerhaft fernhalten, im Namen Jesu, Amen.

Nr. 68
Du bist eine eiserne Säule
(Jeremia 1,18)

„Siehe, ich mache dich heute zu einer festen Stadt und zu einer eisernen Säule und zu einer ehernen Mauer wider das ganze Land, wider die Könige von Juda, wider ihre Fürsten, wider ihre Priester und wider das Volk des Landes."

Der Herr sagt, er hat dich zu einer eisernen Säule gemacht. Eine Eisensäule kann nicht bewegt werden; weder kann es gebogen noch gebrochen werden. Von heute an wirst du nicht mehr von den Winden der Täuschungen des Feindes herumgeschleudert.

Du wirst fest an dem Ort bleiben, den Gott dir gegeben hat, unbewegt von den Erschütterungen des Feindes. Wenn du glaubst, dass der Herr dich zu einer eisernen Säule gemacht hat, möchte ich, dass du dies ohne Angst oder Panik vor den Fürstentümern und Mächten verkündest. Wenn du weißt, was du bist, handele entsprechend. Du bist kein Halm, das vom Wind geblasen und geschleudert wird, wann immer es ihm gefällt. Nein, du bist eine eiserne Säule, gepflanzt und fest. Ab heute wirst du ein stabiles Leben führen, weil du gewusst hast, was du bist.

Verkünde, was du bist

Vater, ich danke dir für das, was du über mich sagen. Ich glaube deinem Wort von ganzem Herzen und. mit ganzer Seele. Ich weigere mich zu glauben, was meine Umstände sagen. Ich weigere mich zu glauben, was die Leute sagen. Ich stehe auf dein Wort und bekenne daher, dass ich bin, was du sagst. Und ich bin, wer du sagst, ich bin.

Danke, denn du hast aus mir eine eiserne Säule gemacht, die weder bewegt noch erschüttert werden kann. Danke, denn ich bin eine Säule in deinem Haus, im Namen Jesu, Amen.

Nr. 69
Du bist ein Gott
(Psalm 82,6; Johannes 10,34)

„Ich habe gesagt: «Ihr seid Götter und allzumal Kinder des Höchsten.»"

Gott hat erklärt, dass du ein Gott bist. Wie du siehst, sagte der Psalmist, als er sein Erstaunen zum Ausdruck brachte, als er entdeckte, was er war: *„Du hast ihn (den Menschen) wenig niedriger gemacht denn Gott (Elohim), und mit Ehre und Schmuck hast du ihn gekrönt."* (Psalm 8,5, Hervorhebung von mir).

Gott hat dich nur ein wenig niedriger gemacht als er selbst, deshalb hat er gesagt, dass du ein Gott bist. Ab heute wirst du aufhören, wie ein Sklave zu leben. Du wurdest geschaffen, um wie ein Gott zu leben. Der Herr Jesus selbst wiederholte die Tatsache, dass du ein Gott bist. Deine Kräfte als Gott gingen durch den Fall verloren. Wenn du dich zu Christus bekannt hast und nach göttlichen Grundsätzen lebst, dann ist dein Platz als

Gott wiederhergestellt. Deshalb kannst du durch Dekrete regieren und Dinge sagen, die nicht sind, als ob sie bereits wären.

Götter regieren und üben Herrschaft aus. Die Bibel sagt, Gott, der allmächtige Gott, hat dir alles unter die Füße gelegt, damit du herrschen und regieren kannst. Fange an, deine Herrschaft auszuüben, indem du Dinge ins Dasein proklamierst. Erkläre, was du in Übereinstimmung mit dem Wort Gottes und im Rhythmus mit der Bewegung des Geistes Gottes sein möchtest, und glaube, dass es so sein wird.

Verkünde, was du bist

Vater, ich danke dir für das, was du über mich sagst. Ich glaube deinem Wort von ganzem Herzen und. mit ganzer Seele. Ich weigere mich zu glauben, was meine Umstände sagen. Ich weigere mich zu glauben, was die Leute sagen. Ich stehe auf dein Wort und bekenne daher, dass ich bin, was du sagst. Und ich bin, wer du sagst, ich bin.

Ich werde meine Herrschaft ausüben, indem ich sensibel auf dein Wort und

die Bewegung deines Geistes achte, in Jesu Namen, Amen.

Nr. 70
Du bist der Augapfel Gottes
(Sacharja 2,8)

„Denn so spricht der HERR Zebaoth: Er hat mich gesandt nach Ehre zu den Heiden, die euch beraubt haben; denn wer euch antastet, der tastet seinen Augapfel an."

Der Augapfel ist der empfindlichste Teil, den der Reflexmechanismus des Körpers im Falle des subtilsten Eindringlings schützt. Das Augenlid schließt sich schnell gegen jeden Angriff auf die Pupille. Wenn Gott also sagt, dass du sein Augapfel bist, bedeutet dies, dass er nicht zulassen wird, dass dir Schaden zugefügt wird. Es bedeutet, dass du ein integrales und wertvolles Element in seinem Körper bist. Du kannst nicht berührt werden, ohne dass Gott davon betroffen ist.

Jeder, der dich aus irgendeinem Grund berührt, gerät in Zorn. Deshalb konnte David beten und sagen: *„Behüte mich wie einen Augapfel im Auge."* (Psalm 17,8a) Du kannst jeden Morgen aufstehen und dieses Gebet zu Gott wiederholen, denn in der Tat bist du der Augapfel Gottes.

Verkünde, was du bist

Vater, ich danke dir für das, was du über mich sagst. Ich glaube deinem Wort von ganzem Herzen und. mit ganzer Seele. Ich weigere mich zu glauben, was meine Umstände sagen. Ich weigere mich zu glauben, was die Leute sagen. Ich stehe auf dein Wort und bekenne daher, dass ich bin, was du sagst. Und ich bin, wer du sagst, ich bin.

Bewahre mich, Herr, als deinen Augapfel heute, morgen, für immer. Ich werde mit dem Bewusstsein leben, dass ich dein Augapfel bin, im Namen Jesu, Amen.

Nr. 71
Du bist in den Handflächen Gottes eingraviert
(Jesaja 49,16)

„Siehe, in meine beiden Hände habe ich dich eingezeichnet; deine Mauern sind immerdar vor mir!"

Wenn etwas in ein Objekt eingraviert wurde, ist es unmöglich, diese Inschrift zu löschen, ohne das Objekt zu zerstören. Wenn es sich um eine normale Schrift handeln würde, könnte sie abgewischt werden, ohne das Objekt zu zerstören. Gott hat dich nicht einfach auf irgendein Blatt Papier geschrieben, er hat dich nicht einfach irgendwo gemalt; er hat dich in seine Handflächen eingraviert. Das bedeutet, dass du dich auf beiden Handflächen Gottes befindest. Wenn er auf seine rechte Hand schaut, sieht er dich dort. Wenn er auf die linke Hand schaut, sieht er dich dort. Mit anderen Worten, du wirst zu jeder Tageszeit permanent von Gott gesehen.

Gott wird dich nie vergessen. Du bist immer vor dem Herrn. Was auch immer du durchmachst, er ist sich dessen bewusst. Bevor etwas dich erreicht, sieht er es bereits. Tatsächlich ist Gott sich deiner täglich mehr bewusst, als du dich deiner selbst bewusst bist. Nichts kann dich aus den Händen des Herrn tilgen. Du wurdest nicht nur geschrieben, sondern dauerhaft in die Handflächen des Herrn eingraviert. Das sollte dir das Vertrauen geben, das du brauchst, um den unsichersten Umständen zu begegnen. Gott muss nicht durch die Wolken schauen, um dich zu sehen. Wenn es einen Teil des Körpers gibt, den man oft sieht, dann ist es die Handfläche. Was auch immer sich in der Handfläche befindet, wird kontinuierlich gesehen. Gott hat dich im Blick.

Verkünde, was du bist

Vater, ich danke dir für das, was du über mich sagst. Ich glaube deinem Wort von ganzem Herzen und von ganzer Seele. Ich weigere mich zu glauben, was meine Umstände sagen. Ich weigere mich zu glauben, was die Leute sagen. Ich stehe auf dein Wort und bekenne daher, dass ich bin, was du sagst. Und ich bin, wer du sagst, ich bin.

Herr, du siehst mich täglich. Ich bin nie aus deinen Augen. Danke, dass du alles siehst, was mir in den Weg kommt, bevor es passiert, im Namen Jesu, Amen.

Nr. 72
Du bist ein geistlicher Imperialist
(5. Buch Mose 11,24)

„Alle Orte, darauf eure Fußsohle tritt, sollen euer sein; von der Wüste an, vom Libanon und dem Euphratstrom bis an das westliche Meer soll euer Gebiet reichen."

Du wurdest als spiritueller Imperialist entworfen, der jeden Ort besitzt, den du betrittst. Es ist so, dass der Feind hat unsere Vorväter getäuscht und ihr Territorium gestohlen. Er beansprucht jetzt so viele Orte. Aber weißt du was? In diesen letzten Tagen hat Gott dich und mich dazu bestimmt, alles wieder in Besitz zu nehmen, was uns rechtmäßig gehört und hat uns zu Imperialisten gemacht, indem wir dem Feind die Orte enteignen, die er beansprucht. Gott hat es dir ermöglicht, deinen geistlichen Bereich so weit auszudehnen, wie du es willst, wenn du nur in der Lage bist, dort Ordnung zu halten und die geistliche Atmosphäre unter Kontrolle zu halten. Lasse nicht länger zu, dass dein Reich vom Teufel und seinen Kohorten kolonisiert wird.

Bestimme, wie groß deine Domain sein soll, und mache dich daran, das zu besitzen, was dir rechtmäßig gehört. Der Teufel ist ein Dieb; erlaube ihm nicht, weiterhin gestohlenes Territorium zu besetzen, das dir gehört. Jeder Ort bedeutet alle. Du musst dich als Imperialist sehen, der den Feind vertreibt und das Land in Besitz nimmt. Gepriesen sei der Name des Herrn, der es für dich und mich so gemacht hat. Du kannst neue Gebiete aufschreiben, die du besitzen möchtest, und dich auf den Weg machen, sie zu besitzen. Imperialisten sind nicht aufzuhalten. Sehe dich als jemanden, der sich durch nichts aufhalten lässt. Dein Gott ist unaufhaltsam und deshalb hat er dich unaufhaltsam gemacht.

Verkünde, was du bist

Vater, ich danke dir für das, was du über mich sagst. Ich glaube deinem Wort von ganzem Herzen und. mit ganzer Seele. Ich weigere mich zu glauben, was meine Umstände sagen. Ich weigere mich zu glauben, was die Leute sagen. Ich stehe auf dein Wort und bekenne daher, dass ich bin, was du sagst. Und ich bin, wer du sagst, ich bin.

Ich werde zu neuen Territorien aufbrechen. Ich lasse mich von nichts aufhalten. Ich greife nach allem, was mir gehört, jedes besetzte Gebiet muss zurückerobert werden, und ich mache mich auf den Weg zu ihnen, im Namen Jesu. Amen.

Nr. 73
Du bist ein Schrecken für den Teufel
(5. Buch Mose 11,25)

„Niemand wird vor euch bestehen; der HERR, euer Gott, wird Furcht und Schrecken vor euch über alle Länder kommen lassen, die ihr betretet, wie er euch versprochen hat."

Wenn du nach göttlichen Prinzipien und Werten lebst, wenn dein Leben von der Gegenwart des Allerhöchsten durchdrungen ist, wirst du zum Schrecken des Feindes und seiner Kohorten. Die Gegenwart Gottes in dir und auf dir veranlasst den Feind, sich bei deiner Annäherung zurückzuziehen. Er flieht Hals über Kopf, als er das lodernde Feuer des Heiligen Geistes erblickt, das denjenigen umgibt, der die Salbung Gottes trägt. Damit du deine Fähigkeit bewährst, dem Feind ein Schrecken zu sein, musst du in Heiligkeit, Reinheit und dem Bewusstsein der Tatsache leben, dass Gott dich zu einem Schrecken für Satan gemacht hat.

Weißt du, bei geistlichen Angelegenheiten ist es dein Herzenswissen, das die Wirkung bestimmt, die dein Leben auf deine Umgebung ausübt. Wenn du nicht weißt, wer du bist, wird die Schöpfung das nicht respektieren oder darauf reagieren, worauf sie automatisch reagieren würde, wenn du nur gewusst hättest, wer du bist. Tatsächlich ist Wissen Macht und verlangt Respekt und Gehorsam.

Derjenige, der weiß, ist in der ganzen Hölle bekannt und gefürchtet. Aus diesem Grund tut der Teufel alles, um die Menschen davon abzuhalten, die Wahrheit zu erkennen. Aber du hast heute die Wahrheit erkannt und möge sie dich von aller Angst vor dem Bösen befreien. So wie die Welt heute Angst vor Terroristen hat, so hat das feindliche Königreich Angst vor dir. Ich wünschte, dass du das früher gewusst hättest. Aber jetzt, wo du das weißt, fürchte dich nicht vor den kleinen Drohungen des Teufels. Behalte die heilige Gegenwart des Allerhöchsten bei dir und du wirst das feindliche Lager terrorisieren.

Verkünde, was du bist

> *Vater, ich danke dir für das, was du über mich sagst. Ich glaube deinem Wort von ganzem Herzen und. mit ganzer Seele. Ich weigere mich zu glauben, was meine Umstände sagen. Ich weigere mich zu glauben, was die Leute sagen. Ich stehe auf dein Wort und bekenne daher, dass ich bin, was du sagst. Und ich bin, wer du sagst, ich bin.*

Durch meinen Gehorsam werde ich den Feind terrorisieren, durch meine Gebete und mein Fasten werde ich sein Lager terrorisieren. Weil ich ein Träger der göttlichen Gegenwart bin, werde ich mutig in alles vordringen, was du für mich bestimmt hast, im Namen Jesu, Amen

Nr. 74
Du bist von Gunst umgeben
(Psalm 5,12 NeÜ)

„Ja, du wirst den Gerechten segnen, Jahwe! Wie ein Schild umgibt ihn deine Gunst."

Wenn du ein Kind Gottes bist, bluterkauft und blutgewaschen, dann ist Christus Jesus deine Gerechtigkeit von Gott geworden, und deshalb bist du ein Gerechter. Die Bibel sagt, dass Gott die Gerechten mit Gunst umgibt wie mit einem Schild. Das bedeutet, dass alles, was dich erreichen kann, zuerst durch den Schild der Gunst gehen muss. Gunst wirkt wie ein Filter und blockiert alle schädlichen Komponenten, die zu dir gelangen. Wenn du weißt, dass du von Gunst umgeben bist, lebst du in Frieden und Zuversicht. Du hast keine Angst mehr vor den hinterlistigen Intrigen der Menschen.

Du weißt, dass alle Dinge, die dich erreichen, in Übereinstimmung mit der Gunst kommen, die dich umgibt und daher lebst du in der Erwartung, dass nur gute Dinge auf dich zukommen. Das Leid, das über dich kommt, ist durch Gunst geprüft. Die Prüfungen, die zu dir kommen, haben sich bewährt. Die Enttäuschungen, die zu dir kommen, wurden geprüft. Lebe und handle von heute an wie jemand, der weiß, dass er oder sie durch die Gunst des Herrn geschützt ist. Das Wissen um die göttliche Gunst in deinem Leben wird deinen Glauben und deine Lebenseinstellung zum Besseren verändern und deine Leistung und Produktivität sogar angesichts von Widrigkeiten steigern.

Verkünde, was du bist

Vater, ich danke dir für das, was du über mich sagst. Ich glaube deinem Wort von ganzem Herzen und. mit ganzer Seele. Ich weigere mich zu glauben, was meine Umstände sagen. Ich weigere mich zu glauben, was die Leute sagen. Ich stehe auf dein Wort und bekenne daher, dass ich bin, was du sagst. Und ich bin, wer du sagst, ich bin.

Danke für deine Gunst, die mich umgibt. Herr, ich glaube, dass mich nichts erreicht, ohne dass es durch diese Gunst zu mir nach vorne, zu meinem Rücken, zu meiner Linken, zu meiner Rechten, über mir und unter mir hindurchgeht. Ich bin von göttlicher Gunst durchtränkt und werde in diesem Bewusstsein leben, im Namen Jesu, Amen.

Nr. 75
Du bist mehr als ein Überwinder
(Römer 8,37 EB)

„Aber in diesem allen sind wir mehr als Überwinder durch den, der uns geliebt hat."

Erobern bedeutet überwinden, einnehmen, besetzen, triumphieren, besiegen, schlagen, überwältigen oder bezwingen. Ein Überwinder ist einer, der erobert. Wenn Gott sagt, dass du mehr als ein Überwinder bist, bedeutet, dass du mehr als ein Besieger, Bezwinger, Unterwerfer oder Eroberer bist. Du hast die Fähigkeit, alles gefangen zu nehmen, was deiner Berufung nach oben entgegensteht. Das Letzte, was ein Eroberer tun würde, ist angesichts von Widrigkeiten aufgeben. Tatsächlich gehört Aufgeben oder Rückzug nicht zu seinem Vokabular. Und da du von heute an mehr als ein Eroberer bist, wirst du dich niemals zurückziehen oder deinem Feind ergeben.

Ich weiß, dass all das, was dich bis jetzt beunruhigt hat, jetzt selbst Schwierigkeiten haben wird, weil du anfangen wirst, so zu handeln, wie Gott dich gemacht hat – als mehr als ein

Überwinder. Gibt es Dinge, die du noch nicht bewältigt hast? Es ist an der Zeit, sich als *„mehr als ein Überwinder"* zu erheben und zu erobern. Denke daran, dass du nur in Gott, der dich liebt, mehr als ein Überwinder bist. Deshalb ist Sensibilität für seine Führung unerlässlich.

Verkünde, was du bist

Vater, ich danke dir für das, was du über mich sagst. Ich glaube deinem Wort von ganzem Herzen und. mit ganzer Seele. Ich weigere mich zu glauben, was meine Umstände sagen. Ich weigere mich zu glauben, was die Leute sagen. Ich stehe auf dein Wort und bekenne daher, dass ich bin, was du sagst. Und ich bin, wer du sagst, ich bin. Ich werde mich jeder Schlacht im Leben stellen, in dem Wissen, dass du mich zu mehr als einem Überwinder gemacht hast, im Namen Jesu, Amen.

Nr. 76
Du kannst jeden lieben
(Römer 5,5)

„Die Hoffnung aber läßt nicht zuschanden werden; denn die Liebe Gottes ist ausgegossen in unsre Herzen durch den heiligen Geist, welcher uns gegeben worden ist."

Als Gläubiger ist es unmöglich, jemanden zu hassen. Wenn in dir irgendein Hassgefühl gegen irgendjemanden aufkommen sollte, dann kommt es nicht von dir. Es hat einen seltsamen Ursprung. Dies könnte von einem bösen Geist des Hasses stammen, der in dir wohnt oder von außerhalb von dir operiert. In einem solchen Fall musst du dich selbst sagen und erklären, dass du diese Person liebst.

Es ist der Heilige Geist selbst, der die Liebe Gottes in dein Herz gegossen hat und dir daher die Fähigkeit gegeben hat, jeden zu lieben. Höre nicht auf die Lügen des Feindes, dass du jemanden hasst. Du wirst schuldig, wenn du mit dem Feind übereinstimmst, dass du diese Person hasst. Hass ist nicht dein

Produkt. Lehne es ab und sende es an seine Quelle zurück. Bekenne Liebe und suche nach Gelegenheiten, Liebe zu zeigen und zu praktizieren.

Verkünde, was du bist

Vater, ich danke dir für das, was du über mich sagst. Ich glaube deinem Wort von ganzem Herzen und. mit ganzer Seele. Ich weigere mich zu glauben, was meine Umstände sagen. Ich weigere mich zu glauben, was die Leute sagen. Ich stehe auf dein Wort und bekenne daher, dass ich bin, was du sagst. Und ich bin, wer du sagst, ich bin.

Ich habe die Fähigkeit, jeden zu lieben, weil die Liebe Gottes reichlich in mein Herz gegossen wurde. Ich lasse mich frei, ein Agent der Liebe für alle zu sein, die mir in den Weg kommen. Mögen die Menschen von deiner Liebe schmecken, wenn sie mit mir in Kontakt kommen, im Namen Jesu, Amen.

Nr. 77
Du hast die Welt überwunden
(1. Johannes 5,4)

„Denn alles, was aus Gott geboren ist, überwindet die Welt; und unser Glaube ist der Sieg, der die Welt überwunden hat."

Der Herr Jesus sagte zu seinen Jüngern: *„In der Welt habt ihr Trübsal; aber seid getrost, ich habe die Welt überwunden!"* (Johannes 16,33 b und c) Das war bevor er starb und wieder auferstand. Aber jetzt sagt er, jeder, der aus Gott geboren ist, überwindet die Welt. Bist du ein Kind Gottes? Dann hast du Vertrauen. Und weil du Glauben hast, hast du die Welt - seine Attraktionen, Angebote, Versprechen, Herausforderungen, Leidenschaften, Werte und alles, was diese Welt hat und woraus sie besteht - überwunden. In meinem Buch *„Kind Gottes"* habe ich ausführlich über die Welt geschrieben, über die verschiedenen Aspekte, die das Weltsystem ausmachen und wie man mit diesen umgehen kann. Besorge dir ein Exemplar und lese es, um zu erfahren, was dich zu einem Kind Gottes macht und wie du effektiv leben kannst.

Verkünde, was du bist

Vater, ich danke dir für das, was du über mich sagst. Ich glaube deinem Wort von ganzem Herzen und. mit ganzer Seele. Ich weigere mich zu glauben, was meine Umstände sagen. Ich weigere mich zu glauben, was die Leute sagen. Ich stehe auf dein Wort und bekenne daher, dass ich bin, was du sagst. Und ich bin, wer du sagst, ich bin.

Ich bin aus Gott geboren. Ich habe den Glauben an Christus in mir. Deshalb bin ich ein Überwinder und ich habe die Welt überwunden. Ich bin kein Opfer der Welt. Ich lehne die Angebote und Verstrickungen der Welt ab. Ich weigere mich, Kompromisse mit der Welt einzugehen, damit ich meine Position als Überwinder aufrechterhalte, im Namen Jesu.

Nr. 78
Du wurdest geheilt
(1. Petrus 2,24)

„Er hat unsere Sünden selbst hinaufgetragen an seinem Leibe auf das Holz, damit wir, der Sünde gestorben, der Gerechtigkeit leben möchten; «durch seine Wunden seid ihr heil geworden.»"

Der Herr Jesus Christus hat für unsere Heilung, für unsere totale und vollständige Heilung, bezahlt. Nichts hat das Recht, dich aus irgendeinem Grund zu quälen. In meinem Buch *„Leben in Fülle"* habe ich ausführlich über die reichliche Heilung eines Gläubigen geschrieben. Du wirst gut daran tun, es zu bekommen und zu lesen. Wissen ist Macht!

Verkünde, was du bist

Vater, ich danke dir für das, was du über mich sagst. Ich glaube deinem Wort von ganzem Herzen und. mit ganzer Seele. Ich weigere mich zu glauben, was meine

Umstände sagen. Ich weigere mich zu glauben, was die Leute sagen. Ich stehe auf dein Wort und bekenne daher, dass ich bin, was du sagst. Und ich bin, wer du sagst, ich bin.

Herr, ich trete heute mein Erbe der Gesundheit an. Ich verzichte auf jede Krankheit und jedes Leiden in meinem Körper, denn durch die Wunden des Herrn Jesus Christus bin ich geheilt, im Namen Jesu, Amen.

Nr. 79
Du bist ein Kind der Verheißung
(Galater 4,28)

„Wir aber, Brüder, sind nach der Weise des Isaak Kinder der Verheißung."

Du trägst die Verheißung des Vaters weiter. Du bist ein Kind der Verheißung, genau wie Isaak es für seinen Vater Abraham war. Das bedeutet, dass deine Bedienstete kein Recht haben, an deinem Erbe teilzuhaben. Du kannst es nicht zulassen, vom Teufel wie ein gewöhnlicher Mensch behandelt zu werden. Kinder der Verheißung sind Kinder der Hoffnung, der Gunst und einer Zukunft, die mit der Liebe Gottes gesegnet und besiegelt ist. Als Kind der Verheißung solltest du selbst inmitten einer Hungersnot gedeihen, wie es Isaak tat. Du sollst durch deine harte Arbeit, Weisheit und deinen Erfolg ganzen Gemeinschaften gewachsen sein.

Weil Isaak ein Kind der Verheißung war und Gottes Absichten für zukünftige Generationen an ihn gebunden waren, konnte er nicht getötet werden. Hör zu: wenn du zulässt, dass diese

Wahrheit in dein Inneres eindringt, wird dein Selbstvertrauen, wenn du dich den Hürden des Lebens stellst, überwältigend sein. Überall auf dir ist eine göttliche Verheißung geschrieben. Der Feind weiß es. Aber wenn er weiß, dass du dich dessen nicht bewusst bist, wird er versuchen, es zu seinem Vorteil zu nutzen. Denke daran, dass Unwissenheit der größte Nachteil ist, den du dir selbst erweisen kannst.

Verkünde, was du bist

Vater, ich danke dir für das, was du über mich sagst. Ich glaube

dein Wort von ganzem Herzen und mit ganzer Seele. Ich weigere mich zu

glauben, was meine Umstände sagen. Ich weigere mich zu glauben, was die Leute sagen. Ich stehe auf dein Wort und bekenne daher, dass ich bin, was du sagst. Und ich bin, wer du sagst, ich bin.

Danke für dein Versprechen, das in meinem ganzen Leben geschrieben steht. So wie kein Versprechen von dir scheitern kann, werde ich mein Schicksal erfüllen. Alles, was du für mich verordnet hast, wird sich erfüllen, jedes zur rechten Zeit, in Jesu Namen, Amen.

Nr. 80
Du hast eine bereite Quelle der Hilfe
(Hebräer 4,16)

„So lasset uns nun mit Freimütigkeit hinzutreten zum Thron der Gnade, damit wir Barmherzigkeit erlangen und Gnade finden zu rechtzeitiger Hilfe!"

Vom Thron der Gnade steht dir bereitwillige Hilfe zur Verfügung. Der Herr lädt dich zu seinem Thron ein, um Barmherzigkeit und Gnade zu finden, die dir die notwendige Hilfe bieten, wenn du in Not bist. Viele Menschen zapfen diese Hilfequelle nicht an, weil sie sich der Quelle nicht nähern. Du hast eine Quelle emotionaler, psychologischer, moralischer, physischer, sozialer und vor allem geistlicher Hilfe, die du anzapfen kannst.

Solange du in dieser Lehmhütte bist, gibt es Momente, in denen du zu schwach bist, um zu kämpfen. Verbinde dich in solchen Momenten einfach mit deiner Quelle der Hilfe, indem du dich dem Thron der Gnade näherst. Hilfe ist dir jedes Mal näher, als du dich dessen bewusst bist. Nur ein kurzer Satz *„Herr, hilf* *mir"*, gemischt mit Glauben, kann so viele Engel freisetzen, wie nötig sind, um in deinem Namen einzugreifen.

Bitte den Herrn im täglichen Leben nicht nur in Notzeiten, sondern bei allem, was du tust, um Hilfe. Der Thron der Gnade ist in deiner Reichweite, Kind des Schicksals. Lass es einen Ort sein, den du ständig besuchst. Gnade ist die göttliche Befähigung, das zu tun, was du sonst nicht tun könntest. Du hast also Gottes Fähigkeiten für das tägliche Leben in deine Reichweite gebracht. Nutze sie aus.

Verkünde, was du bist

Vater, ich danke dir für das, was du über mich sagst. Ich glaube deinem Wort von ganzem Herzen und mit ganzer Seele. Ich weigere mich zu glauben, was meine Umstände sagen. Ich weigere mich zu glauben, was die Leute sagen. Ich stehe auf dein Wort und bekenne daher, dass ich bin, was du sagst. Und ich bin, wer du sagst, ich bin.

Danke, mein Vater, denn du bist eine allgegenwärtige Quelle der Hilfe. Ich werde mich deinem Gnadenthron in Gebet und Anbetung und durch die Meditationen meines Herzens nähern. Im Namen Jesu, Amen.

Nr. 81
Du wurdest nach dem Ebenbild Gottes geschaffen
(1. Buch Mose 1,27)

"Und Gott schuf den Menschen ihm zum Bilde, zum Bilde Gottes schuf er ihn; männlich und weiblich schuf er sie."

Weißt du, warum Satan die Menschheit mit so intensivem Hass hasst? Weil jedes Mal, wenn er den Menschen ansieht, sieht er den Schöpfer im Menschen. Der Mensch wurde wie Gott gemacht. Auch nach dem Fall ist das Bild noch da, was zerstört wurde, waren die gottgegebenen Potentiale. Weil Satan Gott nichts anhaben kann, versucht er, seinen Zorn am Ebenbild Gottes, das der Mensch ist, auszulassen. Er bezieht seine Genugtuung daraus, Gottes geliebtes Menschengeschlecht zu quälen.

Hast du gesehen, wie die Iraker nach seinem Sturz die Statue Saddams zertrampelt haben? Sie trampelten nicht auf dem echten Mann herum, aber sie hatten Freude an dem, was sie taten, weil sie auf seinem Bild herumtrampelten. Es ist das gleiche Vergnügen, das die Wahnsinnigen des Bösen, die in Schande aus dem Königreich des Lichts vertrieben wurden, daraus ziehen, die Menschheit zu quälen. Aber Gott sei Dank, der durch Christus Jesus den Spieß umgedreht und uns die Oberhand gegeben hat, jetzt können wir den Teufel durch die Macht des Heiligen Geistes bestrafen.

Du bist im Ebenbild Gottes. Höre nicht mehr auf die Lügen des Bösen, die dazu bestimmt sind, dich herabzusetzen und dich glauben zu machen, du seist ein Niemand. Nicht nur das Bild Gottes in dir wurde verbessert, sondern auch die Potenziale Gottes in dir wurden durch die in Christus Jesus vorgesehene Erlösung wiederhergestellt.

Verkünde, was du bist

Vater, ich danke dir für das, was du über mich sagst. Ich glaube deinem Wort von ganzem Herzen und. mit ganzer Seele. Ich weigere mich zu glauben, was meine Umstände sagen. Ich weigere mich zu glauben, was die Leute sagen. Ich stehe auf dein Wort und bekenne daher, dass ich bin, was du sagst. Und ich bin, wer du sagst, ich bin.

Danke, Herr, dass du mich nach deinem Ebenbild geschaffen und deine eigenen Potenziale in mich gelegt hast. Ich werde alles, was du in mich hineingelegt hast, durch die Befähigung deines Geistes in vollen Zügen erforschen, im Namen Jesu. Amen.

Nr. 82
Du wurdest geformt, um die Kontrolle zu haben
(1. Buch Mose 1,28; Psalm 8,3-8)

„Und Gott segnete sie und sprach zu ihnen: Seid fruchtbar und mehret euch und füllet die Erde und machet sie euch untertan und herrschet über die Fische im Meer und über die Vögel des Himmels und über alles Lebendige, was auf Erden kriecht!"

„Wenn ich deinen Himmel betrachte, das Werk deiner Finger, den Mond und die Sterne, die du gemacht hast: Was ist der Mensch, daß du seiner gedenkst, und des Menschen Sohn, daß du auf ihn achtest? Du hast ihn ein wenig Gottes entbehren lassen; aber mit Ehre und Schmuck hast du ihn gekrönt."

Als Gott dich schuf, baute er dich mit der Absicht, dass du die Kontrolle haben solltest. Das heißt, er schuf dich mit der Fähigkeit, den Rest der Schöpfung auf der Erde zu führen, zu beherrschen und zu regieren. Seien es Lebewesen in der unteren Lithosphäre und Asthenosphäre oder in der oberen Troposphäre, Stratosphäre, Mesosphäre oder Thermosphäre. Solange es in der Domäne der Erde ist, hat Gott dich mit der angeborenen Fähigkeit geschaffen, die Kontrolle zu haben. Aus diesem Grund wird der normale Mensch nicht kontrolliert werden wollen, weil er ursprünglich dazu bestimmt war, Kontrolle zu haben und nicht unter Kontrolle zu sein. Sehe dich ab heute nicht mehr als jemanden, der niemals führen kann. In seinem Buch *„Werde ein Führer"* schrieb Dr. Myles Monroe: *„Gott hat uns alle geschaffen, um zu herrschen, zu regieren, zu kontrollieren und die Erde zu beeinflussen. Er hat uns alle geschaffen, um zu führen...du warst nie dazu bestimmt, dominiert zu werden."*

Es gibt jedoch Menschen, die es genießen, dominiert zu werden, und es mit Unterwürfigkeit verwechseln. Dabei scheitern sie daran, einen vollen Ausdruck dessen zu finden, was Gott in sie hineingelegt hat. Was du im Leben brauchst, ist Führung und Rat, und nicht Kontrolle. Um wirklich die Kontrolle zu behalten, brauchst du tatsächlich eine ausgereifte Führung und Beratung durch andere.

Lerne deine Handlungen, Worte, Gedanken usw. unter Kontrolle zu haben. Lerne die Umstände, die dir begegnen, selbst wenn sie unvorhergesehen sind, unter Kontrolle zu haben. Erlaube dir von diesem Tag an niemals, die Kontrolle über irgendetwas zu verlieren. Gott hat dich so geformt, dass du die Kontrolle hast und Herrschaft ausübst. Der Herr Jesus Christus ist gekommen, um deine Fähigkeit wiederherzustellen, die Dinge unter Kontrolle zu haben.

Verkünde, was du bist

Vater, ich danke dir für das, was du über mich sagst. Ich glaube deinem Wort von ganzem Herzen und. mit ganzer Seele. Ich weigere mich zu glauben, was meine Umstände sagen. Ich weigere mich zu glauben, was die Leute sagen. Ich stehe auf dein Wort und bekenne daher, dass ich bin, was du sagst. Und ich bin, wer du sagst, ich bin.

Nr. 83

Du bist ein Kind der Bestimmung
(Römer 8,30; Epheser 1,11)

„Welche er aber vorherbestimmt hat, die hat er auch berufen, welche er aber berufen hat, die hat er auch gerechtfertigt, welche er aber gerechtfertigt hat, die hat er auch verherrlicht."

„In ihm haben auch wir Anteil erlangt, die wir vorherbestimmt waren nach dem Vorsatz dessen, der alles wirkt nach dem Ratschluß seines Willens:"

Gott hat deinen Zweck auf Erden vorherbestimmt. Er hat dich mit einem bestimmten Zweck entworfen und geschaffen, den du erreichen solltest. Es ist dieser vorherbestimmte Zweck Gottes in Bezug auf dich, der Schicksal genannt wird. Tatsächlich spricht er selbst davon, dich zu einem erwarteten Ende zu bringen. Dieses erwartete Ende ist deine Bestimmung. Deshalb arbeitet er alles in deinem Leben so aus, dass es seiner Vorbestimmten Plan und Zweck entspricht.

Du bist kein Kind der Umstände, um nach dem Zufall zu

leben. Nein! Alles über dich ist geschrieben. Es gibt einen Plan, dem Gott für dein Leben folgt. Du kannst ihm vertrauen! Der Psalmenschreiber sagte: *„Es waren alle Tage in dein Buch geschrieben, die noch werden sollten, als derselben noch keiner war."* (Psalm 139,16b). Lebe nicht mehr zufällig, kläre dein Schicksal und erfülle es. Du kannst mein Buch *„Erfüllung deiner Bestimmung"* lesen. Du musst verstehen, dass Gott alles, was dir in den Weg kommt, in Übereinstimmung mit dem Zweck seines Willens für dein Leben ausarbeitet.

Verkünde, was du bist

Vater, ich danke dir für das, was du über mich sagst. Ich glaube deinem Wort von ganzem Herzen und. mit ganzer Seele. Ich weigere mich zu glauben, was meine Umstände sagen. Ich weigere mich zu glauben, was die Leute sagen. Ich stehe auf dein Wort und bekenne daher, dass ich bin, was du sagst. Und ich bin, wer du sagst, ich bin.

Herr, ich werde nichts Anderes verfolgen als das, was du über mich in deinem Buch geschrieben hast. Ich gebe dir die Erlaubnis, Herr, alles zu blockieren, was nicht zu deinem Zweck für mich gehört, und die Türen zu öffnen, die mich dazu führen, meine Bestimmung in dir zu erfüllen, im Namen Jesu, Amen.

Nr. 84
Gott hat dich sturm- und flammfest gemacht
(Jesaja 43,2)

"Wenn du durchs Wasser gehst, so will ich bei dir sein, und wenn durch Ströme, so sollen sie dich nicht ersäufen. Wenn du durchs Feuer wandelst, sollst du nicht verbrennen, und die Flamme soll dich nicht anzünden."

Hast du schon einmal eine Armbanduhr benutzt, auf der *„wasserfest"* stand? Wie hast du dich verhalten, als du beim Anlegen einer solchen Uhr mit Wasser in Kontakt gekommen bist? Tatsächlich kümmerte es dich weniger, wenn die Uhr ins Wasser fiel. Du könntest sogar mit der Uhr baden oder schwimmen, weil du sicher warst, dass Wasser die Funktion der Uhr nicht beeinträchtigt. Nun, das ist es, was Gott für dich getan hat! Er hat dich jedoch sowohl wasser- als auch flammenfest gemacht.

Die tobenden Wasser des Feindes, wenn sie gegen dich kommen, werden dich nicht berühren. Die Flammen der Trübsal werden dein Leben ohnehin nicht beeinflussen. Auch wenn du durch die Wasser und Feuer des Lebens gehst, wirst du unversehrt herauskommen, ohne dass irgendwelche Haare an deinem Körper versengt werden. Tatsächlich kommen diese nur, um zu helfen, Schmutz oder Unreinheiten zu entfernen, die möglicherweise in dir waren. Von heute an sollst du keine Angst mehr vor Stürmen haben. Das Feuer, das dir in den Weg kommt, kommt, um die Schlacken aus deinem Leben zu verbrennen. Das Wasser, durch das du gehst, soll jeden Schmutz entfernen, der sich an dir gerieben haben könnte. Du bist wasser- und flammenfest.

Verkünde, was du bist

Vater, ich danke dir für das, was du über mich sagst. Ich glaube deinem Wort von ganzem Herzen und. mit ganzer Seele. Ich weigere mich zu glauben, was meine Umstände sagen. Ich weigere mich zu glauben, was die Leute sagen. Ich stehe auf dein Wort und bekenne daher, dass ich bin, was du sagst. Und ich bin, wer du sagst, ich bin.

Danke, denn jedes Feuer, durch das ich gehe, dient der Läuterung und Reinigung. Danke, dass du dich verpflichtet hast, jede Schlacke und Unreinheit aus meinem Leben zu entfernen, im Namen Jesu, Amen.

Nr. 85
Du bist Gottes kostbarer Besitz
(Psalm 135,4 SCH; Epheser 3,6 NeÜ)

„Denn der HERR hat sich Jakob erwählt, Israel zu seinem besonderen Eigentum."

„Die nichtjüdischen Völker sollen mit am Erbe teilhaben und mit zu dem einen Leib gehören. Und die Zusagen Gottes, die in Christus Wirklichkeit wurden, sollten durch das Evangelium auch ihnen gelten."

Weißt du, weil du in Christus Jesus bist, hast du alle Verheißungen, die Gott Israel gegeben hat, mit Israel mitgeteilt. Eine dieser Verheißungen war, dass Israel sein geschätzter Besitz unter allen Völkern der Erde sein würde (2. Buch Mose 19,5), und der Psalmist bestätigt dies in dem oben zitierten Psalm. Du sollst also wissen, dass Gott dich zu seinem wertvollen Besitz auserwählt hat. Er behandelt dich und hält dich, wie jeder einen Schatz behandelt und bewahrt. Du hast einen besonderen Wert in den Augen des allmächtigen Gottes.

Diejenigen, die dich geringschätzen oder dich mit Verachtung behandeln, kennen deinen Wert nicht. Sie kennen deinen Wert nicht, weil sie keine Rolle spielen. Derjenige, der in deinem Leben am wichtigsten ist, sagt, dass du ein wertvoller Besitz von ihm bist. Was zählt, ist der Wert, den er dir gibt. Jeder, der in deinem Leben wichtig sein möchte, sollte den Wert akzeptieren, den Gott dir gegeben hat, oder er oder sie ist deine Aufmerksamkeit nicht wert.

Verkünde, was du bist

Vater, ich danke dir für das, was du über mich sagst. Ich glaube deinem Wort von ganzem Herzen und. mit ganzer Seele. Ich weigere mich zu glauben, was meine Umstände sagen. Ich weigere mich zu glauben, was die Leute sagen. Ich stehe auf dein Wort und bekenne daher, dass ich bin, was du sagst. Und ich bin, wer du sagst, ich bin.

Ich werde weiterhin im Gehorsam wandeln, geheiligt und ganz dir geweiht. Danke, dass du mich zu einem wertvollen Besitz von dir gemacht hast. Es ist ein Vorrecht, Herr, und ich habe Ehrfurcht vor dir für das, was du aus mir gemacht hast, in Jesu Namen, Amen.

Nr. 86

Deine Zukunft ist heller als deine Gegenwart
(Sprüche 4,18)

„Aber des Gerechten Pfad ist wie des Lichtes Glanz, das immer heller leuchtet bis zum vollen Tag."

Egal, wie glücklich du in deiner Gegenwart bist, es gibt bessere Aussichten für deine Zukunft. Egal wie reich du heute bist, wenn du ein Gerechter bist, wird deine Zukunft reicher sein. Egal, wie erfolgreich du all diese Zeit warst, deine Zukunft wird noch mehr voll spannender Erfolgsgeschichten. Gott hat so geplant, dass der Weg der Gerechten heller und heller wird, während er darauf geht.

Solange du auf dem Weg zu deinem Schicksal bleibst, werden die Dinge für dich finanziell, emotional, sozial und anderweitig zwangsläufig besser. Alles, was gegensätzlich erscheint, ist nur ein Tor zum ultimativen Zweck, das Leben für dich besser zu machen. Du hast hellere Tage vor dir, als du dich vorstellen kannst. Gehe einfach weiter auf deiner von Gott bestimmten

Spur. Jedes Mal, wenn die Dinge dunkler erscheinen als zuvor, sollte es eine Glocke läuten, dass etwas nicht gut läuft. Erwarte, dass die Dinge heller und besser werden, während du den Weg deines Schicksals gehst.

Verkünde, was du bist

Vater, ich danke dir für das, was du über mich sagst. Ich glaube deinem Wort von ganzem Herzen und. mit ganzer Seele. Ich weigere mich zu glauben, was meine Umstände sagen. Ich weigere mich zu glauben, was die Leute sagen. Ich stehe auf dein Wort und bekenne daher, dass ich bin, was du sagst ich bin. Und ich bin, wer du sagst, ich bin.

Ich bekenne, dass meine Tage besser, heller und reicher werden. Mein Weg wird jeden Tag klarer. Meine Küste wird größer, ich steige höher, werde jeden einzelnen Tag stärker, weiser, mitfühlender, im Namen Jesu, Amen.

Nr. 87
Güte und Barmherzigkeit wurden dir zugewiesen
(Psalm 23,6)

„Nur Güte und Gnade werden mir folgen mein Leben lang, und ich werde bleiben im Hause des HERRN immerdar."

Du hast zwei treue Mitgefühle, die dich mit den Segnungen des Herrn begleiten. Das eine ist Güte und das andere Barmherzigkeit. Güte bringt dir all die guten Dinge, die Gott bestimmt hat, um auf dich zu kommen, und wandelt die schlechten Dinge um, die Satan dir schickt, um zu deinem Besten zu wirken. Barmherzigkeit ist da, um sicherzustellen, dass deine Tage mit Gottes Barmherzigkeit gefüllt sind, sodass selbst vor dem grausamsten deiner Feinde die Barmherzigkeit wird immer zu deinen Gunsten siegen.

Siehst du das Wort *„nur"* in diesem Vers? Es bedeutet, dass dir mit aller Gewissheit, ohne die Möglichkeit des Scheiterns, immer Güte und Barmherzigkeit zuteilwerden. Lebe täglich in der Güte, die der Herr dir zugeteilt hat. Zapfe Gottes

Barmherzigkeit an, die dir folgt, und lasse sie zu anderen ausströmen. Wann immer du etwas bemerkst, das nicht so aussieht, als würde es von Güte oder Barmherzigkeit kommen, spreche es an und sage ihm, dass es der falschen Person folgt und hat sicherlich seinen Weg verloren. Bekenne die Wahrheit, lebe sie, erfahre sie und gib sie an andere weiter. Alles, was nicht von diesen beiden kommt, hat kein Recht dir zu folgen. Binde täglich die Augen aller illegalen Anhänger und schaffe Raum für die Güte und Barmherzigkeit, die der Herr dir verordnet hat, dir ungehindert zu folgen.

Verkünde, was du bist

Vater, ich danke dir für das, was du über mich sagst. Ich glaube deinem Wort von ganzem Herzen und. mit ganzer Seele. Ich weigere mich zu glauben, was meine Umstände sagen. Ich weigere mich zu glauben, was die Leute sagen. Ich stehe auf dein Wort und bekenne daher, dass ich bin, was du sagst. Und ich bin, wer du sagst, ich bin.

Du hast deine Güte und Barmherzigkeit beauftragt, mir alle Tage meines Lebens zu folgen. Herr, ich lehne alles ab, was mir folgt, was nicht mit deiner Güte und Barmherzigkeit verbunden oder von diesen gesandt ist. Ich werde deine Güte und Barmherzigkeit erfahren, wo immer ich hingehe und bei allem, was ich tue, im Namen Jesu, Amen.

Nr. 88
Du hast die Kraft dein Schicksal zu gestalten
(4. Buch Mose 14,28)

„Darum sprich zu ihnen: So wahr ich lebe, spricht der HERR, ich will euch tun, wie ihr vor meinen Ohren gesagt habt."

Die Bibel sagt, dass es in der Zunge eines Menschen eine enorme Kraft gibt, Leben zu geben oder Tod zu verursachen. Mehr noch, für Gläubige, deren Worte schöpferische Kraft haben, ist dies eine ernstere Wahrheit. Im obigen Vers drückt Gott die Tatsache aus, dass er uns genau das antun wird, was wir aussprechen, ob bewusst oder unbewusst. Durch deine Erklärungen, Aussagen und Äußerungen kannst du dein Schicksal gestalten, indem du die Dinge verkündest, die Gott über dich gesagt hat.

Es gibt zu viele Menschen, die aufgrund der Dinge, die sie oft sagen, die Architekten ihres eigenen Unglücks sind. Ab heute musst du verstehen, dass dein Schicksal in deinem Mund liegt.

Du musst dich auf die Seite Gottes stellen und die Dinge, die er über dich verkündet hat, in seinem Wort bekennen. Wenn du das tust, gestaltest du dein Schicksal in Übereinstimmung mit Gottes Willen für dich. Umso mehr musst du dein Herz mit dem Wort Gottes füllen. *„Lasst die Worte Christi reichlich in euch wohnen"*, damit sie in Zeiten der Not bewusst oder unbewusst freigesetzt werden.

Wenn du das Wort Gottes aus deinem Herzen sprichst, geht es hinaus, um für dich zu arbeiten. Dein Chef, Ehepartner, Verwandter oder die Regierung sind nicht dafür verantwortlich, wo du dich jetzt befindest. Deine Worte haben den Weg dorthin geebnet, wo du dich gerade befindest, und nur deine Worte können dir den Weg aus dieser Lage raus ebnen. Möchtest du eine Änderung der Umstände? Dann beginne zu erklären und zu verkünden, was das Wort Gottes über dich sagt.

Verkünde, was du bist

Vater, ich danke dir für das, was du über mich sagst. Ich glaube deinem Wort von ganzem Herzen und. mit ganzer Seele. Ich weigere mich zu glauben, was meine Umstände sagen. Ich weigere mich zu glauben, was die Leute sagen. Ich stehe auf dein Wort und bekenne daher, dass ich bin, was du sagst. Und ich bin, wer du sagst, ich bin.

Vergib mir, Herr, für all die negativen Worte, die mich in meine gegenwärtige Situation gebracht haben. Ich beschließe, genau das zu erklären, was du über mich sagst. Von heute an werde ich mein Schicksal in die Hand nehmen und mein Herz mit deinen Worten füllen lassen, damit mein Mund es verkünden wird, im Namen Jesu, Amen.

Nr. 89
Überall um dich herum sind Engel
(Psalm 34,7 SCH; Hebräer 1,14 NeÜ)

„Der Engel des HERRN lagert sich um die her, so ihn fürchten, und errettet sie."

„Nein, die Engel sind alle nur Diener. Es sind Wesen der himmlischen Welt, die Gott als Helfer zu denen schickt, die an der kommenden Rettung teilhaben sollen."

Engel sind deine treuen Begleiter, die dir in den täglichen Angelegenheiten des Lebens helfen und dich beschützen sollen. Du kannst sie in der Kriegsführung verwenden. Sie lagern um dich herum, um dich zu beschützen und Befehle von dir zu erhalten, in welchem Bereich sie in dein tägliches Leben eingreifen sollen. Viele von uns nutzen diese von Gott gegebene Ressource für das tägliche Leben nicht. Sie werden nicht handeln, bis du oder der Vater ihnen Befehle erteilt. Sie werden geschickt, um dir zu dienen, und warten daher auf dich, um entsprechende Anweisungen in deinem Namen auszuführen.

Fang ab heute an, dich deiner Engel zu bedienen. Du hast das Privileg, dass der Vater sie dir zuweist. Verschwende nicht diese wunderbare Ressource, die dir der Vater zur Verfügung gestellt hat. Ich persönlich habe bei so vielen Gelegenheiten gesehen, wie Engel für mich gearbeitet haben. Ich habe sie zu meinen Partnern im Dienst gemacht, besonders, wenn ich Befreiung ausführe. Ich habe gesehen, dass sie sehr schnelle Ergebnisse bringen. Sie sind für dich da. Sie haben keine Einschränkungen wie wir. Sie haben Zugang zu Orten, die du niemals in diesem Leben betreten wirst.

Verkünde, was du bist

Vater, ich danke dir für das, was du über mich sagst. Ich glaube deinem Wort von ganzem Herzen und. mit ganzer Seele. Ich weigere mich zu glauben, was meine Umstände sagen. Ich weigere mich zu glauben, was die Leute sagen. Ich stehe auf dein Wort und bekenne daher, dass ich bin, was du sagst. Und ich bin, wer du sagst, ich bin.

Herr, ich werde dich um engelhafte Interventionen bitten. Ich werde den Engeln befehlen, zu meinen Gunsten zu wirken. Ich werde sie im geistlichen Kampf einsetzen. Danke, dass du sie mir zur Verfügung gestellt hast, im Namen Jesu, Amen.

Nr. 90
Du bist eine lebendige Feuerflamme
(Hebräer 1,7)

„Von den Engeln zwar heißt es: «Er macht seine Engel zu Winden und seine Diener zu Feuerflammen»."

Der Gott, dem du dienst, ist ein verzehrendes Feuer, und weil du deine Nachkommen bist, hat er dich zu einer lebendigen Feuerflamme gemacht. Wenn Feuer absichtlich brennt, tut es dies entweder, um das zu zerstören, was unerwünscht ist, oder um nützliche Energie zu erzeugen. Gott hat dich zu einer Feuerflamme gemacht, damit du die Werke des Feindes in deinem Leben und in deiner Umgebung verbrennst. Du bist eine Feuerflamme, damit andere von dir die Flamme der Hingabe und des Dienstes für deinen Gott einfangen können. Aber denke daran, dass Feuer gelöscht werden kann, also musst du dich vor allem schützen, was die Flamme in dir löschen kann.

Es gibt Zeiten, in denen Menschen bei unserem Dienst für sie, sich so gefühlt haben, als ob sie vom Feuer berührt worden sind. Wenn Dämonen dich sehen, sehen sie Feuer. Dies geschieht, wenn du durch Glauben die Flamme des Feuers um dich herum aktivierst. Mehrere Male habe ich den Herrn gebeten, mich als Feuerflammen im Geisterreich erscheinen zu lassen. Auf diese Weise entfernen sich seltsame Dinge von mir. Wenn ihr Flammen des Feuers seid, wird alles, was sich euch nähert, verbrannt. Tatsächlich bleiben böse Dinge aus Angst, verzehrt zu werden, weit von dir entfernt.

Verkünde, was du bist

Vater, ich danke dir für das, was du über mich sagst. Ich glaube deinem Wort von ganzem Herzen und. mit ganzer Seele. Ich weigere mich zu glauben, was meine Umstände sagen. Ich weigere mich zu glauben, was die Leute sagen. Ich stehe auf dein Wort und bekenne daher, dass ich bin, was du sagst. Und ich bin, wer du sagst, ich bin.

Ich werde meine Flamme aufrechterhalten und sie vor allen Feuerlöschern schützen. Ich werde das Feuer, das ich verbrennen soll, zunehmend mit dem Öl deiner Gegenwart anheizen, im Namen Jesu, Amen.

Nr. 91
Du bist ein Erbe des Vaters
(Römer 8,16-17)

„Dieser Geist gibt Zeugnis unsrem Geist, daß wir Gottes Kinder sind. Sind wir aber Kinder, so sind wir auch Erben, nämlich Gottes Erben und Miterben Christi; wenn anders wir mit ihm leiden, auf daß wir auch mit ihm verherrlicht werden."

Weil du ein Erbe des Vaters bist, bedeutet dies, dass alles, was der Vater besitzt, dir gehört. Du hast ein Geburtsrecht auf alles, was deinem Vater gehört, egal wo es sich befindet. Und weißt du was? Die Bibel sagt: *„Dem HERRN gehört die Erde und was sie erfüllt."* (Psalm 24,1a) An anderer Stelle heißt es, das Vieh auf tausend Hügeln sei alles sein, alles Silber und Gold, das es auf dieser Welt gibt, gehöre Gott.

Du bist ein Erbe seiner Macht und Autorität. Du bist ein Erbe seiner Natur und seines Charakters. Das Wichtigste, was ein Erbe erbt, ist nicht das Vermögen desjenigen, dessen Erbe er ist, sondern der Charakter der Person. Sieh dich selbst und lebe täglich als Erbe des Vaters. Silber und Gold, Macht und Autorität, Liebe und Treue gehören dir. Erlaube nichts, absolut nichts, dich um alles zu betrügen, was dir gehört.

Verkünde, was du bist

Vater, ich danke dir für das, was du über mich sagst. Ich glaube deinem Wort von ganzem Herzen und. mit ganzer Seele. Ich weigere mich zu glauben, was meine Umstände sagen. Ich weigere mich zu glauben, was die Leute sagen. Ich stehe auf dein Wort und bekenne daher, dass ich bin, was du sagst. Und ich bin, wer du sagst, ich bin.

Danke, dass du mir Zugang zu allem gegeben hast, was von dir ist und alles, was dir gehört. Durch den Glauben, Herr, eigne ich mir alles, was mir gehört, als Erbe des Vaters an - das Silber und Gold, Reichtum und Ehre, Macht und Autorität, Liebe und Treue - Herr, einfach alles, was du bist oder von dir ist, in Jesu Namen, Amen.

Nr. 92
Du hast Auferstehungskraft in dir
(Epheser 1,19-20)

„Welches auch die überwältigende Größe seiner Macht sei an uns, die wir glauben, vermöge der Wirksamkeit der Macht seiner Stärke, welche er wirksam gemacht hat in Christus, als er ihn aus den Toten auferweckte und ihn zu seiner Rechten setzte in den himmlischen Regionen."

Die Bibel sagt, dass die Art von Macht, die in uns Gläubigen ist, dieselbe Macht ist, die Gott mächtig ausübte, als er Christus auferweckte und ihn in die himmlischen Örter setzte. Es ist dieselbe Macht, die du trägst. Es ist nur so, dass wir alle nur in unterschiedlichem und begrenztem Maße gelernt haben, wie wir die Kraft in uns freisetzen können. Das Geheimnis liegt darin, eine Offenbarung der Kraft zu haben und wie man sie freisetzt. Als ich diese Wahrheit zum ersten Mal entdeckte, erhöhte sie den Grad der Kraft in meinen Befreiungssitzungen erheblich. Ich entdeckte, dass dieselbe Kraft in mir eingeschlossen ist, und so machte ich mich im Glauben daran, sie zu nutzen, um Gefangenen Befreiung zu bringen.

Ich möchte dir die Wahrheit sagen, dass der Unterschied in der Salbungsebene von Gläubigen einfach in der Tatsache liegt, dass einige das Geheimnis gemeistert haben, die Auferstehungskraft in ihnen freizusetzen. Glaube ist die Leitung für die Freisetzung dieser Kraft. Je größer dein Glaube ist, desto größer ist die Röhre, durch die die Kraft fließt. Und je größer die Kraft ist die fließt, desto größer ist die freigesetzte Kraft. Und je größer die freigesetzte Kraft ist, desto größer sind die Ergebnisse. Ich erinnere mich, dass jemand nach einem Treffen kam und meine Hand hielt, um ein bisschen Kraft zu bekommen.

Ich habe nicht mehr Kraft als du, ich habe vielleicht nur gelernt, die gleiche Kraft freizusetzen, die in uns allen steckt. Denke an jemanden der in seinem Dienst Macht demonstriert. Die einfache Tatsache ist, dass solche Leute gelernt haben, einen großartigen Kanal für den Fluss und die Freisetzung der Auferstehungskraft, die in jedem von uns eingeschlossen ist, bereitzustellen. Du hast eine unermessliche Kraft in dir. Smith Wigglesworth sagte, du bist innen tausendmal größer als außen. Das alles ist wegen der Auferstehungskraft, die er in dich gelegt hat. Geh vorwärts und beginne, die Macht zu nutzen.

Verkünde, was du bist

Vater, ich danke dir für das, was du über mich sagst. Ich glaube deinem Wort von ganzem Herzen und. mit ganzer Seele. Ich weigere mich zu glauben, was meine Umstände sagen. Ich weigere mich zu glauben, was die Leute sagen. Ich stehe auf dein Wort und bekenne daher, dass ich bin, was du sagst. Und ich bin, wer du sagst, ich bin.

Danke für die Kraft, die du in mich gelegt hast, dieselbe Auferstehungskraft, die Jesus Christus von den Toten auferweckt hat. Herr, im Glauben werde ich beginnen, diese Macht zu nutzen, um Gefangene zu befreien und Situationen, die hoffnungslos erscheinen, Leben einzuhauchen. Herr, ich werde deine Kraft in mir durch Glauben freisetzen, um im Leben der Unterdrückten zu wirken, im Namen Jesu, Amen.

Nr. 93
In dir fließen Flüsse
(Johannes 7,37-38)

„Aber am letzten, dem großen Tage des Festes, stand Jesus auf, rief und sprach: Wenn jemand dürstet, der komme zu mir und trinke! Wer an mich glaubt (wie die Schrift sagt), aus seinem Leibe werden Ströme lebendigen Wassers fließen."

Der Herr sagte, jeder, der an ihn glaubt, wird Ströme von lebensspendendem Wasser haben, die aus seinem Inneren fließen. Ich möchte, dass du weißt, dass in deinem Inneren Ströme lebendigen Wassers fließen. Wenn dieser Flusspegel sinkt, sinkt auch die Menge an Energie, die dein Leben erhellt. Du weißt, dass die Menge an Wasserkraft, die in einem Fluss erzeugt wird, von der Wassermenge abhängt, die fließt. Je größer das Wasservolumen, desto größer die erzeugbare Leistung und umgekehrt.

Um dein Licht am hellsten zu halten, musst du sicherstellen, dass die größtmögliche Wassermenge durch dich fließt. Dies hängt von deiner Verbindung zur Hauptquelle deines Flusses ab – dem Heiligen Geist. Wenn due dem Heiligen Geist erlaubst, in dich und durch dich zu fließen, so fließen die Flüsse, um das Leben anderer zu berühren. Ein Fluss ohne Abfluss wird schnell zu einem See und verliert das *„Leben"*, das darin steckt. Die Besonderheit eines Flusses besteht darin, dass er Trümmer wegspült, die in ihn fallen. Dein Leben kann nur so sauber sein wie die Flüsse, die durch dich fließen.

Öffne dein Leben und lass das Wasser fließen, um jedem Sterbenden um dich herum Leben zu geben. Es gibt einen Fluss lebendiger Freude in dir. Es gibt einen Fluss lebendiger Liebe in dir. Es gibt einen Fluss lebendiger Hoffnung in dir. Es gibt einen Fluss lebendigen Glaubens in dir. In dir fließt ein Fluss lebendigen Friedens. Lass diese Flüsse fließen und segne die Menschen um dich herum. Was du brauchst, um einen starken Fluss in deinem Leben aufrechtzuerhalten, ist der Regen des Geistes. Ohne seinen Regen wird dein Leben wie eine Wüste. Begehre dich täglich nach dem Regen des Geistes.

Verkünde, was du bist

Vater, ich danke dir für das, was du über mich sagst. Ich glaube deinem Wort von ganzem Herzen und von ganzer Seele. Ich weigere mich zu glauben, was meine Umstände sagen. Ich weigere mich zu glauben, was die Leute sagen. Ich stehe auf dein Wort und bekenne daher, dass ich bin, was du sagst. Und ich bin, wer du sagst, ich bin.

Hilf mir, mit deinem Geist verbunden zu bleiben, damit die Flüsse durch mich zu anderen fließen und niemals versiegen. Herr, ich öffne mein Leben dem Regen von oben, damit die Flüsse hoch und stark fließen, im Namen Jesu, Amen.

Nr. 94
Alles ist für dich möglich, wenn du glaubst
(Markus 9,23 LB)

„Jesus aber sprach zu ihm: Wenn du könntest Glauben! Alle Dinge sind möglich dem, der da glaubt."

Dies ist nicht der allgemeine Glaube, sondern der Glaube, der sich in einer bestimmten Erwartung ausdrückt, ihn gewährt zu sehen. Es spricht von dem ausgeübten und demonstrierten Glauben, wenn man wünscht, dass ein bestimmtes Ergebnis erzielt wird. Weil du an den Herrn Jesus geglaubt hast, ist es dir möglich, ihm in bestimmten Situationen zu glauben. Das Wort unmöglich sollte nicht Teil deines Lebens und deiner Angelegenheiten sein. Das Ausmaß deines Glaubens ist das Ausmaß deiner Ergebnisse. Der Gläubige lebt in einer Welt voller Möglichkeiten, wo alles möglich und nichts unmöglich ist. Warum viele von uns keine außergewöhnlichen Ergebnisse sehen, liegt daran, dass wir Gott für außergewöhnliche Dinge nicht glauben.

Wenn du das Unmögliche möglich machen willst, dann musst du Gott für unmögliche Dinge glauben. Mir wurde klar, dass ich Gott nur für die Dinge geglaubt habe, die möglich sind. Ich trete hinaus, um ihm Dinge zu glauben, die bisher in der Geschichte der Menschheit nicht möglich waren. Ich greife nach Dingen, die in der Geschichte meines Lebens nicht möglich waren. Es ist an der Zeit, Rekorde zu brechen. Wenn du Rekorde brechen musst, dann glaube Gott für das „*Unglaubliche*" und gehe durch die Reiche der Unmöglichkeiten, die durch die Macht ermöglicht werden, die im Namen von Jesus Christus von Nazareth ist.

Verkünde, was du bist

Vater, ich danke dir für das, was du über mich sagst. Ich glaube deinem Wort von ganzem Herzen und von ganzer Seele. Ich weigere mich zu glauben, was meine Umstände sagen. Ich weigere mich zu glauben, was die Leute sagen. Ich stehe auf dein Wort und bekenne daher, dass ich bin, was du sagst. Und ich bin, wer du sagst, ich bin.

Herr, hilf mir, meinen Glauben auszuüben, um dir das Unmögliche zu glauben. Ich möchte meinen Glauben auf Ebenen ausdehnen, die ich noch nie zuvor getan habe. Ich strebe nach mehr Herr, hilf mir, die Bereiche der Unmöglichkeiten zu durchschreiten, die möglich gemacht wurden, im Namen Jesu, Amen.

Nr. 95
Gott hat dich unbesiegbar gemacht
(Josua 1,5)

„Niemand soll vor dir bestehen dein Leben lang; wie ich mit Mose gewesen bin, also will ich auch mit dir sein; ich will dich nicht loslassen und gar nicht verlassen."

Gott sagte zu Josua: *„Wie ich war...so werde ich sein"*. Unser Gott ist ein Gott, der sich nie ändert, von Zeitalter zu Zeitalter ist er derselbe in Macht, Weisheit, Autorität usw. Er sagte Joshua, dass niemand in der Lage sein würde, sich gegen ihn zu erheben. Es ist das gleiche Versprechen, das er für dich hat. Wenn du nach seinen Geboten wandelst, werden alle deine Feinde zwangsläufig vor dir fallen, weil Gott es so bestimmt hat. Ich möchte, dass du ab heute in dem Wissen lebst, dass du vom Feind nicht besiegt werden kannst. Gott hat dich unschlagbar und uneinnehmbar gemacht. Der Feind wird kommen, aber er wird nicht in der Lage sein gegen dich zu stehen. Es mag sogar so aussehen, wenn er gegen dich vorrückt, als würde er einige Fortschritte machen, aber er wird stolpern, bevor er dich erreicht.

Ich bin erstaunt, wie der Herr es immer wieder für mich ausgearbeitet hat, als ich dachte, der Feind würde mich fast überwältigen, aber dann hatte ich gerade den Sieg. Die Tatsache, dass Gott mich unbezwingbar gemacht hat, hat mir zunehmend Selbstvertrauen gegeben. Schau an, was Er sagt: „Wie ich war...so werde ich sein". Du dienst dem Gott von gestern, heute und für immer. Er ist *„Jesus Christus, derselbe, gestern, heute und in Ewigkeit"*. Wie er mit Moses war, so wird er mit dir sein.

Der Moses, der nicht durch das Schwert des Pharaos getötet oder im Nil ertränkt werden konnte, der Moses, der nicht von jahrelangem Leiden in der Wildnis verschlungen werden konnte, der Moses, der Könige besiegte und ihre Königreiche als Erbe für das Volk Gottes aufteilte; wie Gott mit ihm war, so wird Gott mit dir sein. Das ist sein Versprechen und du musst es glauben.

Verkünde, was du bist

> *Vater, ich danke dir für das, was du über mich sagst. Ich glaube deinem Wort von ganzem Herzen und von ganzer Seele. Ich weigere mich zu glauben, was meine Umstände sagen. Ich weigere mich zu glauben, was die Leute sagen. Ich stehe auf dein Wort und bekenne daher, dass ich bin, was du sagst. Und ich bin, wer du sagst, ich bin.*
>
> *Danke für dein Versprechen, dass kein Feind all die Tage meines Lebens gegen mich aufzustehen imstande sein*

wird. Ich werde in deinen Geboten wandeln und über dein Wort meditieren, um mein Vertrauen aufzubauen. Ich werde mich jeder Schlacht stellen in dem Wissen, dass du den Sieg für mich bestimmt hast, im Namen Jesu, Amen.

Nr. 96
Du hast göttliche Immunität
(Psalm 105,15)

„«Tastet meine Gesalbten nicht an und tut meinen Propheten kein Leid!»"

Gott hat dir Immunität gegen die Hand des Bösen gewährt. Wenn er sagt, berühre nicht, müssen sie gehorchen, weil es ein Befehl des Königs des Universums ist. Weißt du, die Wahrheit ist, dass Satan und seine Dämonen dieses Dekret kennen und sich von den Gläubigen fernhalten. Es gibt jedoch Satanisten, die unwissend sind, und so nutzt der Teufel ihre Unwissenheit, um sie in Gefahrenzonen zu schicken. Als sie ankommen, treffen sie offensichtlich auf ihren Untergang.

Ich erinnere mich an eine Befreiungssitzung. Dabei wurde mir klar, dass das Mädchen, dem wir die Befreiung zukommen ließen, von der Hohepriesterin des Meereskönigreichs, zu dem sie gehörte, besessen war. Natürlich kam sie, um Widerstand zu leisten und die Befreiung zu verhindern. Als ich dies durch ein

Wort der Weisheit erkannte, musste ich sie sehr ernsthaft bestrafen. Sie ging schreiend weg nach all der Bestrafung, die ich ihr gab. Während die Dämonengeister geflohen waren, kam sie, um Widerstand zu leisten, und erhielt einen Vorgeschmack auf die Kraft des Heiligen Geistes. Solange du das Kreuzleben lebst, kann dir der Teufel nichts anhaben. Solange du unter dem Schutz des Blutes des Lammes bleibst, respektiert alles die göttliche Immunität auf dein Leben.

Verkünde, was du bist

Vater, ich danke dir für das, was du über mich sagst. Ich glaube deinem Wort von ganzem Herzen und von ganzer Seele. Ich weigere mich zu glauben, was meine Umstände sagen. Ich weigere mich zu glauben, was die Leute sagen. Ich stehe auf dein Wort und bekenne daher, dass ich bin, was du sagst. Und ich bin, wer du sagst, ich bin.

Danke, dass du mir Immunität gegen alle Angriffe des Bösen gewährt hast. Ich werde unter dem Schutz des Kreuzes und deines Blutes bleiben. Ich werde die mich umgebende Hecke nicht durch sündige Kompromisse durchbrechen, im Namen Jesu, Amen.

Nr. 97
Deine Befreiung ist garantiert
(Psalm 34,19)

„Der Gerechte muß viel leiden; aber der HERR rettet ihn aus dem allem."

Der Herr hat nicht versprochen, dass du dich niemals in schwierigen Situationen wiederfinden wirst. Viele Menschen geben angesichts von Widrigkeiten leicht auf, weil sie aufgehört haben, Befreiung zu erwarten. Einige konnten eine gewisse Zeit warten, aber als die Befreiung nicht kam, wie sie es erwartet hatten, gaben sie lieber auf. Hör zu, ich möchte dir sagen, dass Gott dir Befreiung versprochen hat, egal wie schwierig die Situation auch sein mag, die auf dich zukommt, und du kannst also mit aller Erwartung und Gewissheit darauf warten, dass diese Befreiung, obwohl sie sich verzögert, sicherlich kommen wird. Es ist nicht die Frage, ob es kommt, sondern wann es kommt. Solange du ein Gerechter bist, obwohl deine Bedrängnisse viele sein mögen, wird es Befreiung von all diesen geben.

Du musst jeden Tag in Erwartung des göttlichen Eingreifens leben in alles was dich betrifft und schief zu laufen scheint. Erlaube dir niemals, auf der Ebene der Niederlage und Verzweiflung zu resignieren. Lass dich niemals in die Schlucht der Hoffnungslosigkeit verweisen. Hoffnung ist die Lebensader der Befreiung, denn Hoffnung ist die Grundlage, auf der sich Glaube zeigt. Jetzt möchte ich, dass du die Dinge aufschreibst, die dein Leben belasten. Spreche jeden Punkt an und erkläre die Tatsache, dass der Herr dich von all diesen befreit hat und befreien wird. Mache es zu deiner Routine, bis du siehst, dass es sich im Physischen manifestiert.

Verkünde, was du bist

Vater, ich danke dir für das, was du über mich sagst. Ich glaube deinem Wort von ganzem Herzen und von ganzer Seele. Ich weigere mich zu glauben, was meine Umstände sagen. Ich weigere mich zu glauben, was die Leute sagen. Ich stehe auf dein Wort und bekenne daher, dass ich bin, was du sagst. Und ich bin, wer du sagst, ich bin.

Danke, Herr, dass du die Befreiung von all meinen Problemen garantiert hast. Was auch immer die Schwierigkeiten für mich sein mögen, ich werde mich jedem Tag in Erwartung deiner mächtigen Befreiung stellen, im Namen Jesu, Amen.

Nr. 98

Du solltest immer ganz oben stehen
(5. Buch Mose 28,13)

„Und der HERR wird dich zum Haupt machen und nicht zum Schwanz; und du wirst nur zuoberst und nicht zuunterst sein, wenn du gehorchst den Geboten des HERRN, deines Gottes, die ich dir heute gebiete, daß du sie beobachtest und tust."

Der Herr hat dir das Geheimnis der Exzellenz gegeben, in welchem Bereich auch immer du tätig bist. Die Erfolgsprinzipien bleiben die gleichen, unabhängig von deinem Geschäftsfeld. Wenn du nach göttlichen Geboten wandelst, ist dir der Erfolg garantiert. Und es ist nicht irgendein Erfolg, sondern der, der dich an die Spitze deiner Berufung katapultiert. Also, jedes Mal, wenn du dich ganz unten befindest, dann weißt du, dass du am falschen Ort bist. Du bist ordiniert, an der Spitze zu stehen.

Dauerhaftes Versagen ist nicht dein Anteil. Jeder Misserfolg bereitet dich auf einen beispiellosen Erfolg vor, den du sonst nicht bewältigen könntest. Die Spitze ist der Ort, an dem du bleibst. Du hast gesehen, wie Menschen aus dem Nichts an die Spitze aufgestiegen sind. Der einfache Grund ist die Entdeckung göttlicher Prinzipien für Exzellenz. Du dienst einem Gott von außergewöhnlicher Exzellenz. Du kannst es dir nicht leisten, mittelmäßig zu sein. Mittelmäßigkeit ist für jedes Kind Gottes ein Fremdwort, denn die Gene in dir sind Gene des Gottes aller Exzellenz. Er macht alles gut, was er tut, und dieselbe Fähigkeit steckt auch in dir drin. Lehne ein Christentum ab, das zufrieden ist, auf der niedrigsten Ebene zu sein. Widerstehe der Anziehungskraft der Mittelmäßigkeit und steige zu den Höhen auf, die der Herr für dich bestimmt hat.

Verkünde, was du bist

Vater, ich danke dir für das, was du über mich sagst. Ich glaube deinem Wort von ganzem Herzen und von ganzer Seele. Ich weigere mich zu glauben, was meine Umstände sagen. Ich weigere mich zu glauben, was die Leute sagen. Ich stehe auf dein Wort und bekenne daher, dass ich bin, was du sagst. Und ich bin, wer du sagst, ich bin.

Herr, ich lehne Mittelmäßigkeit ab und strebe nach Exzellenz. Ich werde alles geben und deine offenbarten Prinzipien für den Erfolg nutzen. Hilf mir, die Prinzipien des Erfolgs und der Exzellenz anzuwenden, wie sie in deinem Wort offenbart sind, im Namen Jesu, Amen.

Nr. 99

Gott weiß, was du brauchst
(Matthäus 6,8; Philipper 4,19)

„Darum sollt ihr ihnen nicht gleichen! Denn euer Vater weiß, was ihr bedürft, ehe ihr ihn bittet."

„Mein Gott aber befriedige alle eure Bedürfnisse nach seinem Reichtum in Herrlichkeit, in Christus Jesus!"

Alles, was du brauchst, sowohl die dir bewussten als auch die dir nicht bewussten Dinge, kennt dein Vater, noch bevor du ihn um diese Dinge bittest. Alles, was du tun musst, ist, deine Bedürfnisse so einfach wie möglich darzustellen, ohne zu versuchen, Gott dazu zu bringen, dich zu verstehen. Er hat versprochen, dass er alle deine Bedürfnisse gemäß seinem Reichtum befriedigen wird. Diese stillen Bedürfnisse in deinem Herzen sind ihm bekannt. Er hat jedoch angeordnet, dass du bittest, um zu empfangen. Er ist verpflichtet, alle deine Bedürfnisse zu erfüllen, mehr als du jemals denkst, aber nach göttlichen Prinzipien, musst du um diese Dinge bitten.

Er sagt, noch bevor du rufst, wird er antworten, aber es ist der Anruf, der die bereits gegebene Antwort freisetzt. Der Anruf ist wie der Schalter, der den Strom zum Gerät freigibt. Das bewirkt dein Bitten: es gibt das frei, was bereits bereitgestellt wurde, um zu dir zu kommen. Du hast es nicht mit einem unwilligen Gott zu tun. Der Gott, dem du dienst, ist mehr als willig und bereit, alle deine Bedürfnisse zu erfüllen, wenn du dich in Gebet, Erwartung und Glauben an ihn wendest.

Verkünde, was du bist

Vater, ich danke dir für das, was du über mich sagst. Ich glaube deinem Wort von ganzem Herzen und von ganzer Seele. Ich weigere mich zu glauben, was meine Umstände sagen. Ich weigere mich zu glauben, was die Leute sagen. Ich stehe auf dein Wort und bekenne daher, dass ich bin, was du sagst. Und ich bin, wer du sagst, ich bin.

Danke Herr, denn du kennst alle meine Bedürfnisse. Ich weigere mich, mich um irgendetwas zu sorgen und besorgt zu sein, aber durch das Gebet werde ich dir meine Bedürfnisse mitteilen und im Glauben erhalten, worum ich bitte, im Namen Jesu, Amen.

Nr. 100
Ohne Christus Jesus bist du nutzlos
(Johannes 15,5)

„Ich bin der Weinstock, ihr seid die Reben; wer in mir bleibt und ich in ihm, der bringt viel Frucht; denn getrennt von mir könnt ihr nichts tun."

Nun, alles, was hier gesagt wird, hängt von deinem Verständnis dieses Punktes ab. Obwohl ich es gegen Ende dieses Buches platziert habe, ist es das Wichtigste von allen Dingen, die Gott über dich gesagt hat, denn wenn es nicht verstanden wird, könntest du dich täuschen zu glauben, dass deshalb solche Dinge über dich gesagt wurden, weil du besser bist als andere. Wenn es nur eine Sache gibt, die du aus diesem Buch mitnehmen solltest, dann sollte es diese Punkte sein: dass du ohne Christus nichts bist, nichts tun kannst und in den Augen Gottes nichts Wertvolles werden kannst.

Du bist, was du heute bist, wegen Christus. Du musst es immer anerkennen, damit du nicht anfängst, dich selbst zu betrachten. Lass deinen Blick beständig auf den Herrn gerichtet sein. Bekenne die Tatsache, dass du nichts ohne ihn bist und lebe, um immer von ihm abhängig zu sein. Er ist deine Quelle, Anker, Hoffnung, Freude und alles. Erkenne täglich die Tatsache an, dass alles, was du bist oder jemals sein könntest, wegen ihm ist. Deshalb findest du in der ganzen Heiligen Schrift, besonders in den neutestamentlichen Briefen, oft den Ausdruck *„in ihm"*.

Verkünde, was du bist

Vater, ich danke dir für das, was du über mich sagst. Ich glaube deinem Wort von ganzem Herzen und von ganzer Seele. Ich weigere mich zu glauben, was meine Umstände sagen. Ich weigere mich zu glauben, was die Leute sagen. Ich stehe auf dein Wort und bekenne daher, dass ich bin, was du sagst. Und ich bin, wer du sagst, ich bin.

Herr, nur in Christus Jesus zählt alles, was du über mich gesagt hast. Hilf mir, täglich in ihm und für ihn zu leben, damit alles, was du über mich gesagt hast, Teil meiner täglichen Erfahrung wird, im Namen Jesu, Amen.

Nr. 101
Es soll dir gut gehen
(Jesaja 3,10a)

„Saget den Gerechten, daß es ihnen wohl gehen wird."

Das ist eine Ankündigung vom Thron der Gnade, die dich nach dem Sieg schreien lassen sollte. Gott sagt dir, dass alles gut mit dir sein wird. Es spielt keine Rolle, welche Erfahrungen du in der Vergangenheit gemacht hast. Es spielt keine Rolle, was jetzt im Physischen zu geschehen scheint. Aber der Herr sagt: er ordnet alles zu deinem Wohl.

Es soll mit deinen Finanzen gut gehen.

Es soll mit deinem Geschäft gut gehen.

Es soll mit deinem Job gut gehen.

Es soll mit deiner Ehe gut gehen.

Es soll mit deinen Lehrgängen gut gehen.

Es soll mit deinem Dienst gut gehen.

Das soll dir verkündet werden, sagt der Himmel. Und solange der Himmel es sagt, können wir darauf vertrauen, dass es so sein wird, wie er es versprochen hat. Konzentriere dich nicht auf die Umstände, sondern auf das, was er in seinem unfehlbaren Wort über dich gesagt hat. Es wird dir gut gehen. Wenn du es glaubst und es verkündest in Übereinstimmung mit dem, was Gott bereits gesagt hat, wird es sicherlich geschehen. Erinnerst du dich an die Frau in Sunem? Als ihr Sohn starb und sie zum Propheten ging, sagte sie zu ihrem Mann: *„Es wird gut"*. Als sie zu dem Mann Gottes kam und gefragt wurde, was los sei, sagte sie: *„Es ist gut"*.

Das ist die Art von Glauben, die du täglich bekennen musst. Gott hat gesagt, dass es dir gut gehen wird, und so wird es auch sein. Du hast die Verantwortung, das zu verkünden in jeder Situation, die möglicherweise das Gegenteil hervorbringen könnte.

Verkünde, was du bist

> *Vater, ich danke für das, was du über mich sagst. Ich glaube deinem Wort von ganzem Herzen und von ganzer Seele. Ich weigere mich zu glauben, was meine Umstände sagen. Ich weigere mich zu glauben, was die Leute sagen. Ich stehe auf dein Wort und bekenne daher, dass ich bin, was du sagst. Und ich bin, wer du sagst, ich bin.*

Ich verkünde, dass es mir in jedem Aspekt meines Lebens gut gehen wird. Ich weigere mich zu glauben, was die Umstände sagen. Du hast gesagt, es wird mir gut gehen. Herr, ich glaube es und werde es täglich verkünden, im Namen Jesu, Amen.

Nr. 102
Du wirst die Früchte deiner Arbeit genießen
(Jesaja 3,10b)

„Denn sie werden die Frucht ihrer Taten genießen."

Die Zeit der fruchtlosen Arbeit für dich ist vorbei! Von diesem Tag an wirst du die Früchte all deiner Arbeit genießen. Der Teufel soll deine Ernte nicht mehr stehlen.

Du wirst die Früchte deiner Gebete genießen.

Du wirst die Früchte deines Fastens genießen.

Du wirst die Früchte deines Gebens genießen.

Du wirst die Früchte deiner Evangelisation genießen.

Du wirst die Früchte deines Studiums genießen.

Du wirst die Früchte deiner Ehe genießen.

Du wirst die Früchte deiner Opferung genießen.

Du wirst die Früchte deiner harten Arbeit genießen.

Du wirst die Früchte deiner Investitionen genießen.

Das ist die Erklärung des Himmels über dich. Von heute an sollst du nicht mehr zulassen, dass der Teufel dich um deine Segnungen betrügt. Fruchtlose Arbeit ist nicht dein Anteil! Gibt es einen Ort, an dem du gearbeitet hast, und es scheint, dass die Früchte nicht hervorkommen? Spreche es mit dem Wort Gottes an. Weigere dich, dich durch Umstände, die der Feind in Gang gesetzt hat, betrügen zu lassen. Was Gott gesagt hat, muss von der ganzen Schöpfung befolgt werden. Du hast den Auftrag, göttliche Dekrete und Ankündigungen zu bekräftigen.

Verkünde, was du bist

Vater, ich danke dir für das, was du über mich sagst. Ich glaube deinem Wort von ganzem Herzen und von ganzer Seele. Ich weigere mich zu glauben, was meine Umstände sagen. Ich weigere mich zu glauben, was die Leute sagen. Ich stehe auf dein Wort und bekenne daher, dass ich bin, was du sagst. Und ich bin, wer du sagst, ich bin.

Herr, ich werde aus Angst, dass ich die Früchte meiner Arbeit nicht genießen werde, die Arbeit nicht aufgeben. Herr, ich rufe jetzt die Früchte an allen Orten und Gebieten hervor, an denen ich gearbeitet habe, im Namen von Jesu, Amen.

Nr. 103
Dein Leben ist verborgen mit Christus in Gott
(Kolosser 3,3)

„Denn ihr seid gestorben, und euer Leben ist verborgen mit Christus in Gott."

Was von Gott verborgen wurde, kann vom Feind nicht aufgedeckt werden. Gott hat dein Leben mit Christus Jesus in sich selbst verborgen. Das bedeutet, dass du außerhalb der Reichweite des Feindes bist. Wenn Christus aufgrund dessen, wo er ist, nicht berührt werden kann, dann kannst du auch nicht berührt werden, weil derselbe Ort, an dem Christus ist, der Ort ist, an dem du verborgen wurdest. Es ist sehr beruhigend zu wissen, dass du an einem besonderen Ort in Gott bist.

Dein Wohnort ist Gott selbst. Das sagt die Bibel. Beginne also von heute an, dich als außerhalb der Reichweite des Feindes zu sehen. Ist es nicht erstaunlich, dass der Herr so etwas für dich tun wird? Der obige Vers ist keine Möglichkeit unter Vielen.

Paulus sagt, es ist eine vollendete Tatsache. Es hat nichts mit dir zu tun, Gott hat es selbst getan. Du kannst nicht vom Feind berührt werden. Gott muss ihm Zugang zu sich selbst gewähren, dann einen zweiten Zugang zu Christus, dann einen dritten Zugang zu dir. Dein Leben ist mit Christus in Gott verborgen, Halleluja!

Verkünde, was du bist

Vater, ich danke dir für das, was du über mich sagst. Ich glaube deinem Wort von ganzem Herzen und von ganzer Seele. Ich weigere mich zu glauben, was meine Umstände sagen. Ich weigere mich zu glauben, was die Leute sagen. Ich stehe auf dein Wort und bekenne daher, dass ich bin, was du sagst. Und ich bin, wer du sagst, ich bin.

Ich bin froh, dass mein Leben mit Christus in dir verborgen ist, o Gott. Danke für die Sicherheit, die ich in dir habe. Ich werde jeden Tag voller Zuversicht und Kühnheit für dich leben, im Namen Jesu, Amen.

Nr. 104
Du bist mit Christus verheiratet
(Römer 7,2; 2. Korinther 11,2)

„Denn die verheiratete Frau ist durchs Gesetz an ihren Mann gebunden, solange er lebt; wenn aber der Mann stirbt, so ist sie von dem Gesetz des Mannes befreit."
„Denn ich eifere um euch mit göttlichem Eifer; denn ich habe euch einem Manne verlobt, um euch als eine reine Jungfrau Christus zuzuführen."

Mit der Zunahme der Phänomene Geistermänner und Geisterfrauen ist es notwendig, dass du deine Position in Christus kennst. Du bist mit Christus verlobt. Du bist Teil seiner Braut. Dies bedeutet, dass jeder Geistermann oder -frau auf illegaler Basis handelt. Wenn du aufgrund deiner ewigen Ehe mit Jesus Anzeichen dafür siehst, dass dein Leben aufgrund von Verbindungen zu einem Geist-Ehepartner gequält wird, weise den Dämon zurecht und verurteile alle seine oder ihre Handlungen in deinem Leben, denn dein Ehemann lebt für die Ewigkeit weiter. Wenn du in Christus bist, hast du, selbst wenn eine solche Beziehung mit einem Geist-Ehepartner vorher hergestellt wurde, das Mandat, darauf zu verzichten, weil deine

Position in Christus dich von jedem unterlegenen Bund mit dem Feind befreit.

Verkünde, was du bist

Vater, ich danke dir für das, was du über mich sagst. Ich glaube deinem Wort von ganzem Herzen und von ganzer Seele. Ich weigere mich zu glauben, was meine Umstände sagen. Ich weigere mich zu glauben, was die Leute sagen. Ich stehe auf dein Wort und bekenne daher, dass ich bin, was du sagst. Und ich bin, wer du sagst, ich bin.

Ich lehne und verzichte auf jeden Ehebund, der in meinem Namen oder von mir selbst geschlossen wurde, ob wissentlich oder unwissentlich. Ich habe nur einen Mann, der Jesus Christus ist. Ich gehöre mit meinem ganzen Geist, meiner ganzen Seele und meinem ganzen Leib Christus Jesus an, im Namen Jesu, Amen.

Nr. 105
Gott wird dir Aufrichtigkeit des Herzens geben
(Jeremia 32,39)

„Und ich will ihnen einerlei Herz und einerlei Wandel geben, daß sie mich allezeit fürchten, ihnen selbst zum Besten und ihren Kindern nach ihnen."

Wenn es bei vielen Gläubigen ein Problem gibt, dann ist es die Gespaltenheit des Herzens. Und mit einer solchen Herzerkrankung kannst du keine Höchstleistungen erbringen. Gott weiß, dass du nicht in dein volles Erbe eintreten kannst, wenn du mit einem gespaltenen Herzen arbeitest, und deshalb hat er versprochen, dir Einfalt im Herzen und Handeln zu geben. Das heißt, er möchte dich so gestalten, dass alle deine Handlungen mit dem übereinstimmen, was aus deinem eigenen Herzen stammt. Es ist deine Aufgabe, sich dieses Geschenk anzueignen und für den Herrn dein Bestes zu geben. Nicht gespalten zu sein zwischen Herz und Handeln ist eine Tugend, die man sich wünschen und suchen muss. Nichts ist so nutzlos wie ein geteiltes Herz, aber dies scheint eines der größten Übel zu sein, das die Menschheit geplagt hat. Bitte den Herrn um ein nicht geteiltes Herz und glaube, dass er es dir gegeben hat.

Verkünde, was du bist

Vater, ich danke dir für das, was du über mich sagst. Ich glaube deinem Wort von ganzem Herzen und von ganzer Seele. Ich weigere mich zu glauben, was meine Umstände sagen. Ich weigere mich zu glauben, was die Leute sagen. Ich stehe auf dein Wort und bekenne daher, dass ich bin, was du sagst. Und ich bin, wer du sagst, ich bin.

Herr, ich bitte dich um ein ungeteiltes Herz. Ich empfange es durch Glauben, in Jesu Namen, Amen.

Fazit

Wir sagten vorher, dass Wissen Macht ist. Was du weißt, wird beeinflussen, was du tust und was du schließlich wirst. Der Zweck dieses Buches besteht darin, dich wissen zu lassen, dass das, was Gott über dich sagt, dir helfen kann auf seiner Seite zu sein, indem du die Dinge bekennst und verkündest, die er über dich gesagt hat. Wenn du sie verkündest, solltest du auch sicherstellen, dass du nach den Vorschriften und Grundsätzen des Lebens lebst, die im Wort Gottes offenbart sind. Bekennung ohne Erfüllung führt zu keinem Ergebnis. Wenn du dich an das hältst, was Gott sagt, werden dir Gebete und dein Bekenntnis dessen, was er über dich gesagt hat, die erforderlichen Ergebnisse hervorbringen. Also von heute an, weil du es jetzt weißt, solltest du das werden, was Gott sagt, dass du werden sollst.